JN105840

楽天で買って、Amazonで売る。

ネット物販 最強の稼ぎ方

複業家
尾形和昭

フォレスト出版

はじめに　Introduction

──なるべく少ない元手、手間、リスクで 継続的＆安定的に稼ぎたいあなたへ

　本書を手に取っていただきありがとうございます。

　あなたはサラリーマンですか？

　それとも自営業者や会社経営者でしょうか？

　もしかしたら、主婦（主夫）、学生の方もいらっしゃるかもしれませんね。

　皆さんのお仕事がなんであれ、この本を手に取っていただいたということは、「本業以外の副収入を得たい」「自分の自由になるお金を増やしたい」などと思っているのでしょう。起業やマイホームの資金がほしいという方もいらっしゃるかもしれません。

　あなたは、この本の『楽天で買って、Amazonで売る。』というタイトルをご覧になったとき、どう思われたでしょうか？

　まさにタイトル通りの内容で、楽天市場で仕入れた商品をAmazonで売って、毎月手堅く稼ぐ方法を解説しています。

　はじめまして。尾形和昭と申します。

　ある大手企業に23年間サラリーマンとして勤めたのち独立し、今は「働き方研究家」としていろいろな企業や団体に向けた講演活動をしています。そして、"複"業として物販や貿易をしています。なぜ、"副業"でなく、"複業"と言っているのか？　それは、私が

1つの仕事で生計を立てるのではなく、「複数の仕事で収入を得る」という複数収入の考え方を推奨し、自ら実践しているからです。私のやっていることを紹介すると「どれが本業ですか？」と多くの方に聞かれるのですが、私は「どれも本業です」とお答えしています。どれも“主”や“副”という考えはなく、“単（ひとつ）”でなく、“複”なのだということなのです。複数の収入の柱があれば、多くの困難が起こったとしても、倒れづらいから複数の収入の柱を持っておこうという考え方ですね。

　また、今回ご紹介する楽天市場で商品を仕入れてAmazonのFBAで売るという方法を実践しつつ、そのノウハウをさまざまな方にお教えして、今ではチームで物販を行うコミュニティを主宰・運営しています。ちなみに、コミュニティにはサラリーマン、自営業者、主婦など、さまざまな職業・年齢の方たちが参加していて、最近ではコミュニティ全体の月商は700～1000万円、多い月で1400万円を達成しています。

　これから私がお教えする方法を実践していただければ、大半の方が毎月5～6時間の作業で5万～8万円程度を手に入れることができるはずです（もちろん、もっと時間をかければ、稼げるお金の額は増えます）。

　これくらいの時間であれば、どんなに忙しいという方でも取り組めるのではないでしょうか。

　ここで「えっ？　楽天市場とAmazonの販売価格って儲けが出せ

るほど違いがあるの？」と思った方や、「Amazonって買うだけじゃ
ないんだ。私にも売れるのかな？」などと思われた方もいるでしょう。

こう考えてみてください。

もし、楽天市場でものすごく安く買えたらどうでしょうか？　た
とえば、通常の売価の30〜40パーセントも安く買えるとしたら。

こう言うと、楽天市場を利用されている方からは「ああ、それ知っ
てる。スーパーSALEとかでしょ？」と言われるのですが……。

違います。

スーパーSALEは、四半期に1度やっていますが、私が言ってい
るのはほぼ毎月開催されるセールのことです。

たとえば、皆さんが1000円で買っているものを、私は600〜
700円程度で買っているのです。それをAmazonで適正な価格で売っ
ているのです。

「ええっ、本当？」と思う方もいらっしゃるかもしれませんが、こ
れは誰にでもできることです。

ここまでお読みになって「やってみようかな」と思った方の中に
は「でも、今まで物販はやったことないからなあ」とか「本当に儲
かるのかな？」とお考えの方もいらっしゃるでしょう。

たとえば、物販を「投資」と考えてみたらどうでしょう？　昨今
は「つみたてNISA」などが普及しているため、皆さんの中にも投
資信託や株式などの金融商品に投資している方がいらっしゃると思
います。そもそも投資とは、資金を投じた先の企業や商品の価値が
上がったら、それが配当金や価格上昇という形でリターンを得られ
ることですよね？

実は、物販も同様です。

「よく売れている商品」は現金化しやすいので、それを仕入れて仕入れ値に利益・経費を乗せて売れば、利ザヤを稼げます。もちろん、物販につきものの「売れ残りリスク」をゼロにすることはできませんが、「よく売れている商品」を扱うことで、リスクをかなり抑えることができます。

私がやっているのは、こんな単純明快なビジネスなのです。

私のやり方は「1回の取引で大きく儲けて終わり」というのではなく、「小さな取引をコツコツと継続し、長期間にわたって利益を少しずつ稼いでいく」という方法です。

ただし、「小さな取引で利益を少しずつあげる」といっても、繰り返し行うことで、最終的には大きな利益を得ることができます。

金融商品や不動産など投資の世界では、リターンを「年利〇パーセント」とか「利回り〇パーセント」などというのはご存じでしょう。

物販の場合は、得られる利益のパーセンテージがそのときどきで若干変わったりもしますが、金融商品と同様に複利（元本と利益の合計額に利息がつくことが繰り返され、雪だるま式に増えていく）で資金を運用することができます。

たとえば、Amazon物販について次のケースで考えてみましょう。

・入金は14日ごと（1カ月に2回転の取引）
・1年は52週間なので1年間で26回転
・利益率は少なめに見積もって「5パーセント」とします
・元手の資金は30万円

この場合の計算式は次の通りです。

30万円×1.05の26乗＝約106万6701円
※元手30万円を5パーセントの複利で運用することで
　約76万6701円（255.56パーセント）の利益

　もちろんこれは単純計算ですから、その通りにいくわけではありません。先ほども少しふれた「売れ残り」や「値崩れ」などのリスクは、ゼロにはできないので、それはいたしかたありません。しかし、物販を継続的かつ安定的に行うことで、とても効率的にお金を増やせるということはご理解いただけるのではないでしょうか。

　それでも、「リスクがコワイ」と立ちすくんでしまっているあなた。よく考えてみてください。
　今や金融緩和が進み、現金の価値はどんどん目減りしています。銀行に100万円預けても1年で100円以下の利息しかつきません。
　また、今のお仕事は、あなたが老後を迎えるまでずっと続けられますか？　そして、老後に余裕をもって生活を送れるだけのお金を貯めることができますか？
　せっかく副業解禁の流れがきているのですから、本業以外の収入を得てみませんか？　副業の中で失敗するリスクがとても低く、元手が少なくても始められるのがネット物販なのです。
　たとえば、『金持ち父さん貧乏父さん』シリーズで知られるロバート・キヨサキのメンターの1人である、ロバート・アレンも「複数収入

を得るために最も簡単な方法の1つは物販である」と言っています。

　今回、この本を刊行するにあたり、私のメンターであり、ビジネスパートナーでもあるロバート・アレンから推薦文をいただいたので、ご紹介します。

　　私は、複数収入を得るための方法を実践して、
　　今までに多くの方に伝授してきた。
　　複数収入を得るために最も簡単な方法の1つは物販である。
　　「がっちゃん」こと尾形氏は日本で物販を実践し、実績を残しているプレーヤーの1人である。
　　ぜひ彼からの学びで実践することをおすすめする。
　　ロバート・アレン

　それでは、どのような方法なのかを具体的に解説します。
　簡単に説明すると、次の通りです。

01　1カ月に1度、楽天が提供する各種サービスを利用し、楽天に優良顧客として扱ってもらう

02　楽天市場でセール、キャンペーン、クーポンを駆使して買い物（商品の仕入れ）をする。このとき大幅に割引きしてもらったり、ポイントをたくさんもらう
　　※得られたポイントは次回以降の値引きに使う

03 買ったものをAmazonで売る（現金化する）

04 上記01〜03を繰り返す

　これだけだとピンとこないと思うので、具体的な金額をもとに解説します。

　たとえば、楽天市場で通常表示価格が1万2000円の商品があったとします。これを楽天カードを使って買うと2パーセントのポイントがもらえるので、実質240円分の割引です。多くの方は「2パーセント得した」で満足していると思います。

　ところが、私の場合は、セール、キャンペーン、クーポンなどを駆使することで、実質3割引（8400円）程度で買っています。

　そして、買った商品を今度はAmazonで1万1400円で売ります。すると、送料やAmazonの手数料などを差し引いても1500円ほどの利ザヤを稼げます。この時点で10パーセント超の利益です。さらに、Amazonに出品する商品の数を増やすと、まとめて送れるので、1個当たりの送料コストが下がり、利益率がさらに向上します。

　そして、Amazonでの売上金と楽天市場からもらえるポイントを元手に再度、楽天市場で商品を買う（仕入れる）のです（次ページの図を参照）。

　これを繰り返し行うことで、先ほど紹介したように、利益を積み上げることができるのです。

　とても簡単だと思いませんか？　ぜひチャレンジしてみてください。

【 本書で解説する物販ビジネスの全体像 】

楽天市場

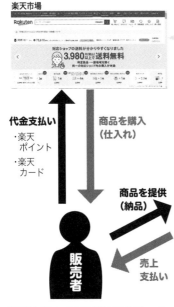

○楽天ポイントを可能な限り獲得して、
実質的な仕入れ値を下げる
・セール、キャンペーン、クーポンを利用する
・SPU(スーパーポイントアップ)の対象になる
・楽天カード、楽天銀行を利用する

Amazon

代金支払い
・楽天
ポイント
・楽天
カード

**商品を購入
(仕入れ)**

**商品を提供
(納品)**

**売上
支払い**

○FBA(フルフィルメント by Amazon)を
利用することで購入者への送品やカスタマー
サポートをAmazonに委託する
・Keepaなどのツールを使って「よく売れている
商品」を探し出す(それを楽天市場で仕入れる)
・商品登録、出品、納品し、適正な価格で販売する
・売れた日から最長2週間プラス2〜4営業日で
入金される

販売者

楽天市場でできるだけ安く買って、
Amazonで適正価格で売ることで
10〜20パーセントの利益を得る

**商品を
購入**

お客さま

**代金
支払い**

　さて、この本では次の流れで解説をします。
　第1章では、今のサラリーマンに副業が必要な理由とそのメリットを解説するとともに、多くの方が抱くであろう副業や物販にまつわる素朴な疑問にお答えします。
　第2章では、Amazon物販のビジネススキーム(全体像)とメソッド(方法論)、そして「なぜ、ネットで買ってネットで売っても利

益が出るのか？」「サラリーマンが副業として物販をするうえで気をつけるべきこと」といった事柄を解説します。

　第3章では、楽天市場で商品を仕入れるにあたって、どのような準備が必要なのか、つまり、楽天の優良顧客になる方法からセールの日を迎えるまでにやっておくべきことを解説します。

　第4章は、仕入れた商品をAmazonに出品し、商品登録をして、販売するまでの一連の手順を解説します。

　第5章では、物販に慣れてきたらやったほうがよいビジネスの効率化などについて解説します。

　この本の情報が、あなたが副業への第一歩を踏み出すための一助になれば幸いです。

＊本書に掲載された楽天、Amazonをはじめとする各企業の商品やサービスの内容、およびルール、表示画面、操作方法などに関する情報は、2020年6月現在のものです。今後、変更となる可能性があります。あらかじめご了承ください。
＊本書に掲載された物販のノウハウは、情報提供を目的に、著者が自らの経験と独自に調査した結果をもとに執筆したものですが、確実に利益を保証するものではありません。また、情報の利用の結果としてなんらかの損害が発生した場合、著者、および出版社は、理由のいかんを問わず、責任を負いません。物販を実践される際の最終決定は必ずご自身の判断で行ってください。

目　次　contents

第1章

副業するなら
「Amazon物販」が最適な理由

第2章

Amazon物販の仕組みを知ろう

第**3**章 [実践編01]

まずは仕入れの準備をしよう（1週目）

第**4**章 [実践編02]

商品を仕入れて、
出品・販売しよう!（2〜4週目）

第**5**章 ［実践編03］

振り返って理解を深め、改善しよう（2〜3カ月目）

ブックデザイン　　　　　bookwall

本文DTP&図版制作　　　津久井直美

プロデュース&編集　　　貝瀬裕一（MXエンジニアリング）

企画協力　　　　　　　　二木拓磨

第 **1** 章

副業するなら 「Amazon物販」が 最適な理由

Chapter1

01

今のサラリーマンに副業が必要な理由

✡ 今のサラリーマンに副業が必要な理由

　私は「今の時代、サラリーマンこそ副業が必要だ」と考えています。
　それには複数の要因が挙げられます。私自身、23年間サラリーマンでした。会社に在籍中は労働組合の幹部を経験したり、働き方やワーク・ライフバランスの研究もしていました。また、会社を退職後に独立を果たし、経営する産みの苦しみも経験してきました。
　その知見を踏まえて、私がサラリーマンにとっての副業について考えていることをお話ししたいと思います。

✡ サラリーマンの実質年収は減りつづけている

　初めに質問です。

あなたの収入は増えていますか？

　「大丈夫、増えていますよ」と答える方が多いかと思います。
　しかし、あなたの上司が今のあなたの年齢のときにもらっていた金額と比べるとどうなのでしょうか？
　「残業が減っているから減っている」という方がいる一方で、「ほぼ同じじゃないの？」という方もいるでしょう。

そこで、いきなり衝撃的な事実を皆さんにお知らせします。

真実を知っていただきたいので具体的なデータを示します（図1-1）。

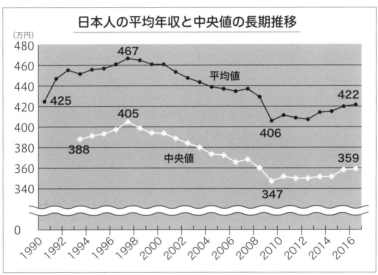

図1-1　国税庁「民間給与実態統計調査」の各年データをもとに作成。中央値は推計
出典　https://www.nta.go.jp/publication/statistics/kokuzeicho/minkan/toukei.htm

サラリーマンの平均年収は2016年（平成28）の平均値で422万円、中央値（データの個数を大きい順に並べたときにちょうど真ん中に位置する値）で359万円です。中央値というのが一般的な実感の感覚と合っているといわれているので、こちらで比較すると、1997年（平成9）の405万円をピークに平均年収は大きく下がっています。

2009年（平成21）に底を打って、その後は回復傾向にありますが、1997年当時と比べると10パーセント以上減っています。

次ページの図1-2は、仮に年収500万円の人がいたとして、その人の収入から税金や社会保険料などを除いて、実際に自分の生活に

使えるのはいくらなのかを示したものです。これを「可処分所得」といいますが、毎年その額は減っています。特に、子どもがいる世帯では、2019年（令和元）は2011年（平成23）に比べて約10パーセントも減っているのです。

　ということは、年収は減っているし、仮に年収が一定であったとしても可処分所得が減っているというダブルパンチを食らっているという状態であることがおわかりいただけるでしょう。

図1-2　出典：大和総研「消費税増税等の家計への影響試算（2018年10月版）」

　もちろん実際には、勤続年数や業績に応じて昇給がありますから、多くの方の年収が増えてはいるのですが、実は、あなたの上司があなたと同じ年齢のときにもらっていた賃金のほうが多かったはずです。

　年収や可処分所得が減っていても、その分、物価が安くなっていれば帳尻はなんとか合うのですが、1998年と2017年とではほとんど変わりはありません。そのため、実際には大部分の人の生活は苦しくなっているのです。

✿ おまけに退職金も激減している

それでは、退職金はどうでしょうか？

厚生労働省の「就業条件総合調査（平成15、30年）」によると、大卒者の退職年金平均額では、2003年（平成15）に2499万円でしたが、2018年（平成30）には1788万円と、実に30パーセント近くも減ってしまっているという実態が浮き彫りになっています。

賃金をもとに退職金の額を算出するという会社が多いため、賃金の減少に応じて退職金の額も減少することは容易に予想がつきますが、それにしても大幅な減少です。

✿ 老後資金2000万円問題が追い打ちをかける？

昨年、大いに話題となった「老後資金2000万円問題」ですが、金融審議会の報告書を見ると、実際には次のように書かれています。

> 夫65歳以上、妻60歳以上の夫婦のみの無職の世帯では毎月の不足額の平均は約5万円であり、まだ20〜30年の人生があるとすれば、不足額の総額は単純計算で1300万円〜2000万円になる。この金額はあくまで平均の不足額から導きだしたものであり、不足額は各々の収入・支出の状況やライフスタイル等によって大きく異なる。

この「平均1300万円〜2000万円不足」を、今の老後世代の方たちは「貯蓄額もしくは退職金」でまかなっているようです。しかし、長期にわたる可処分所得の減少の影響からか、貯蓄不足に陥ってきているご家庭が多いと予想されます。

- ・今後、平均寿命が延びることが推測される
- ・退職金が減少傾向にある
- ・年金支給額が減少すると推測される
- ・年金支給年齢がさらに引き上げられることが推測される
- ・可処分所得の減少が貯蓄額に影響すると推測される

　こうしたことを考えると、将来お金の不安がない老後生活を送るためには、今から収入を増やしていく、つまり本業以外の副業を持つことを真剣に検討しなければならないように思われます。

02 副業で得られる メリットとは？

　副業禁止の勤め先が多いので、ほとんどの方が副業についてピンとこないかもしれませんが、私自身は、これまでの経験から会社員の方が副業をすることによって得られるメリットはいくつもあると思っています。

　その中から、私が特にメリットが大きいと感じたことを3つご紹介します。

> **メリット01** メリハリが効いて、仕事の効率が上がる
> **メリット02** 新しい視点で自分の仕事を捉える目線が身につく
> **メリット03** 新しい人脈を広げることができる

☆ **メリット01** メリハリが効いて、仕事の効率が上がる

　副業をするためには、本業にかける時間を短くして、早めに切り上げる必要があります。

　しかし、本業にかける時間を減らそうとして、手を抜いたり、いいかげんな仕事をしてしまうと、勤務先からの評価が下がり、場合によっては収入が減ってしまうかもしれません。それでは本末転倒です。

　ですから、仕事のクオリティを下げずに、今までよりも短い時間で同じかそれ以上の成果を挙げなければならなくなります。

5パーセントや10パーセント程度の時短であれば、小手先のテクニックやちょっとしたダンドリの変更などでも達成できるでしょう。しかし、それ以上となると、一筋縄ではいきません。今までのやり方を根本的に変えなければ実現できないということになります。

　ところが面白いことに、仕事以外の活動で得た視点が本業の効率化やクオリティアップのヒントになることがしばしばあります。そのため、最初に少し無理をしてでも時間を作って、仕事以外の活動（副業もその1つ）を始めてしまうと、その後「思わぬ未来が開けた」という経験を私は何度もしてきました。ですから、個人的には、本業のレベルアップのためにも副業をしたほうがよいとすら思っています。

☆ メリット02 新しい視点で自分の仕事を捉える目線が身につく

　先ほども言いましたが、副業することで得られる新しい視点は、自分の仕事と働き方を違った角度から見直すきっかけにもなります。

　ここで、私が働き方を研究する中で、腑に落ちた話として、私がコンサルタントとして認定を受けているワーク・ライフバランス社の小室淑恵社長が国会で答弁した内容を引用します（5分30秒あたりから7分05秒まで）。

> （略）つまり、日本は、今一番時間をかけて仕事をしているんですが、生み出す付加価値は（先進国で）一番低い（国であると）。（略）この状況が続いたことによって今負のスパイラルが起きています。働く個人は私生活が減ると体験を通じたインプットがなくなります。
> （略）
> こういったインプットがあってこそ、仕事の場で企画をぐっとアウトプットが出せるわけですが、今はカラの引き出しを持った大群が

押し寄せて出社して、それをひっくり返し合って会議して、俺アイデアないよ？　お前もないの？　えっ俺もだけど…みたいなですね、で会議が長引いて貧困なアイデアが出て、そのアイデアで勝負するとやっぱり売れなくて、帰れなくて、睡眠がなくなって、集中力が落ちて、ミスが発生して、こんなことをぐるぐるぐるぐる繰り返しています。これをどっかでもうぐっと止めて、逆回転に回し直していきたいのです。（略）逆回転に回し直しさえすれば、睡眠をしっかりとり、インプット満タンで出社して高いアウトプットを短い時間でギュッと出して颯爽と帰り、またインプットをして前向きに出社をするという好循環が生まれます。

出典：「小室国会プレゼン　労働時間に対する国家戦略の必要性について」
（2012年5月15日）https://bit.ly/WLB-ytb

　まったくその通りだと思います。

　残業を減らして、私生活で体験したことからのインプットができる状況を作ることが新たな視点を生み出し、仕事の質が向上していく――そうした状態を実現する方法の1つとして、副業があるのだと思っています。

　なお、上でご紹介した動画は、全体で22分24秒と少し長いのですが、すべてご覧いただければと思います。多くの方から「価値観が変わった！」と好評をいただいています。

☆ メリット03 新しい人脈を広げることができる

「人脈を広げる」という意味では、異業種交流会などに参加するのも同様の効果はあるでしょう。しかし、異業種交流会では、「出会った人と実際にビジネスを始めることになった」ということはめったにありませんし、参加費もそれなりにかかります。単に"知り合い"

が増えたというだけのケースがほとんどです。

　それに対して、副業を始めて稼げるようになると、お金のことを心配せずに余裕を持ってさまざまな人と交流できるようになるため、良質な人脈も広がります。

　このように出会った人たちとはビジネスに発展するケースもよくあります。

　このほかにも副業をすることで得られるメリットはたくさんありますので、ぜひとも皆さんにも、副業にチャレンジしていただきたいと思っています。

03 Amazon物販が副業に最適な10の理由

☆ メリットだらけのAmazon物販

さて、副業をするにあたって「どのような副業がいいのだろうか？」と考えていたり、「自分に何ができるのだろう？」などと悩んでいる方はたくさんいらっしゃるでしょう。

私の持論は「副業するなら Amazon 物販が最適」です。その理由は次の10点に集約されます。

理由01	特殊なスキルがなくても稼げる
理由02	まったく経験がない人でも稼げる
理由03	元手（資金）がまったくない人でも稼げる
理由04	忙しくて時間がない人でも稼げる
理由05	毎日取り組まなくても稼げる
理由06	夫婦や親子など家族で取り組める
理由07	会社にバレずに稼げる
理由08	長期間にわたって、安定して稼げる
理由09	仕入れの過程でポイントやマイルが貯まるのでプチ贅沢ができる
理由10	発送作業を外注することで労力が限りなくゼロになる

ほかのビジネスでも、似たような性格のものはあるかもしれませ

んが、この10点がすべてそろっているものはほとんどないはずです。

さっそく1つずつ解説していきます。

☆ 理由01 特殊なスキルがなくても稼げる

Amazon物販の仕組みを少し学ぶだけで、簡単に実行できて、おまけに特殊なスキルは必要ありません。

たとえば、医者になって稼ごうと思ったら、医大に行って医師免許を取得しなければなりません。弁護士や税理士になるにも難関試験に合格する必要があります。

もちろん、こうした資格を取る以外にも、お金を稼ぐ方法はいろいろありますが、スキルの取得に時間がかかったり、労力や資金を投資する必要があるものが大半です。

すでにお勤めの方が働きながら取り組むことができる、なるべく短期間のうちにやり方を習得できて手軽に実践できるという意味では、Amazon物販が最適です。

☆ 理由02 まったく経験がない人でも稼げる

私のもとにAmazon物販を学びに来る方からよく聞く言葉が「私は、今までモノを売った経験がないのですが、稼げますか？」というものです。

いつも「はい、大丈夫です。稼げますよ」とお答えしています。

もちろん、「明日からすぐに稼げる」というわけにはいきませんが、まったくの初心者であっても2〜3カ月もすればきちんと稼げるようになります。正しく学んで、正しく取り組むことで誰でも利益を出せるようになります。

☆ 理由03 元手（資金）がまったくない人でも稼げる

「たくさんのお金を用意できないのですが、稼げますか？」という質問もよくされます。答えは「はい。資金は多いほうが有利だし何かと安心ではありますが、まったくお金がなくても稼ぐことができますよ」です。

それは簡単な話でクレジットカードを使えばいいのです。

こう言うと「クレジットカードを使いすぎてしまうとコワイ」などと敬遠される方がいるのですが、そもそも今の自分の信用に応じて利用限度額が決まります。

普通のサラリーマンの方であれば、たいていは100万〜300万円、年収の高い方であれば800万〜1000万円程度の利用限度額を設定できます。自営業者や専業主婦などは、少しハンディキャップはありますが、それでも30万〜50万円程度の利用限度額は設定可能でしょう。これくらいの額であれば、十分にAmazon物販を始めることができます。

また、「支払いができなくなったらどうしよう……」と心配される方もいるかと思いますが、支払いまでに商品を販売して、入金されるような仕組みにしておけば問題は起こりませんよね？　どうやったらそれが実現できるかについては、のちほど詳しく説明します。

☆ 理由04 忙しくて時間がない人でも稼げる

副業をやろうと思ったときにぶち当たるのが「時間がない」ということです。

特に、サラリーマンなどのようにお勤めの方の多くは「時間がない」ということを理由に、なかなか副業に踏み切れません。実際に、私自身にもそういう時期がありました。

ただし、本書でおすすめする方法でAmazon物販に取り組んで

いただければ、多くの時間を費やす必要はありません。慣れてくれば、月に3〜4日、1回2時間程度、月に6時間程度の取り組みで十分に稼ぐことができます。

　もちろん、それ以上に時間をかければその分たくさん稼ぐことができますが、あまり副業に力を入れすぎて本業に差しさわりがあるようだと本末転倒でしょう。これから紹介する方法のように、できる限りムダな労力をかけないようにして、効率よく稼ぐことに集中すると継続的に稼ぐことができます。

☆ 理由05 毎日取り組まなくても稼げる

「副業で稼ぐ」というと、「毎日コツコツ続ける……」というイメージがあるかもしれません。もちろん最初のうちは、感覚をつかんだり、継続性を身につけるために毎日取り組む時期があってもいいかもしれません。

　ただ、その場合も毎日2時間とか3時間かけるのではなく、1日15〜30分と決めて取り組むくらいでよいのです。

　たとえば、今までスマホゲームやテレビの視聴に費やしていた時間を少しだけ副業に振り分けるとか、それくらいでいいでしょう。Amazon物販で実際に商品の仕入れをしたり、出品をするのは、1カ月に数日です。そもそも毎日取り組む必要はありません。

☆ 理由06 夫婦や親子など家族で取り組める

　本書で紹介するAmazon物販で稼ぐ技術を身につければ、自分だけでなく、夫婦や親子など家族みんなで取り組むことも可能となります。

　私も繁忙期は、仕入れや出荷の件数が増えるため、家族の力を借りるようにしています。そうすることで、夫婦は共同作業で一体感

が生まれやすいですし、子どもにモノを仕入れて市場で売って「お金を稼ぐ」体験をさせるのはいい社会勉強になると思います。

☆ 理由07 会社にバレずに稼げる

サラリーマンの副業解禁がいよいよ本格的に始まりつつあります。厚生労働省が公開している「モデル就業規則」が平成30年1月に改定され、副業について「原則禁止から原則容認」へ変更されました。しかしながら、実態を言えば、就業規則の改定は労使の話し合いが必要で、まだまだ副業が制限されている会社は多く、おそらく皆さんの職場も同様なのではないかと思います。

そんな中で、副業に手を出したことがバレて会社からにらまれたくないと思うのも無理はありません。ただし、私がおすすめする方法を使えば、会社にバレることはありません。また、申告が必要な所得を増やさない方法もあります。

☆ 理由08 長期間にわたって、安定して稼げる

「短期間でボロ儲け！」をうたう副業はたくさんあります。それを魅力的に感じる人も多いかもしれません。

しかし、私は短期間に大きく儲けるというよりは、長期間にわたって安定して稼げるほうに魅力を感じます。もし、あなたも同じように感じるというのであれば、Amazon物販に向いています。

もちろん、ビジネスなので多少の浮き沈みはありますが、一定のパターンを理解することにより、安定的に稼ぐことができます。私自身、この1年半ほどポイントを活用したAmazon物販に取り組んでいますが、トータルできちんと儲かっています。また、資金や労力を投資すれば、その分売り上げも増えます。私がやり方を教えた

コミュニティのメンバーも同じように安定して稼げています。

☆ 理由09 仕入れの過程でポイントやマイルが貯まるのでプチ贅沢ができる

　先ほど「仕入れにはクレジットカードを使う」とお話ししました。

　仕入れをするときに、仕入れ先のネットショップ（本書では楽天市場を推奨）のポイントが貯まります。また、ネットショップの前に別のポイント付与サイトにアクセスしてから、購入をすればショップのポイントとは別のポイントがもらえます。このポイントは航空会社のマイルなどにも交換できます。

　ポイントは、現金に比べると使い勝手が悪いとお考えの方も多いと思いますが、使い方次第では現金よりも便利だったり、価値を持つことがあります。ポイントは旅行・外食などのプチ贅沢や、家電・生活雑貨の購入などにも使えるので、積極的にポイントを貯めるようにしましょう。

☆ 理由10 発送作業を外注することで労力が限りなくゼロになる

　物販には、商品の仕入れをしたり、受注したあとの発送などの労力がかかるのが普通です。もちろん、Amazon 物販も同様です。

　商品の発送作業は、扱う商品の数が少なければ自分でやってもいいのですが、Amazonが提供する有料の配送代行サービス「フルフィルメント by Amazon（FBA）」を利用すれば、商品へのラベル貼り付けやお客さまへの発送をすべてAmazonにまかせることができます。こうすることで、労力を限りなくゼロにすることができます。

　これについては第4章で詳しく解説します。

04 Amazon物販で稼いでいる人たちの事例

☆ Amazon物販はポイントを押さえれば誰でもできる

ここまで、Amazon物販が副業に最適な理由を述べてきましたが、いかがだったでしょうか？　これなら、まとまった時間がなかなかとれないフルタイムでお勤めの方や子育てや家事で忙しい主婦であってもできると思いませんか？

私も、数年前に独立・起業をして、働き方改革やワーク・ライフバランスの講演やセミナーを実施してきましたが、サラリーマン時代に得ていたのと同じくらいの収入を安定的に得られるまでには、かなり時間がかかりました。

この間、退職金やサラリーマン時代の貯蓄を投じて、いろいろなビジネスに取り組んできました。数々の失敗も経験しました。1年間取り組んだ結果、300万円の借金を作っただけというような案件もありました。このように試行錯誤を続ける中で成功したビジネスの1つが物販だったのです。

そして、物販の中でも失敗のリスクが低く、安定していたのがAmazon物販でした。

腰を据えて取り組んだ1年後の年末には、月間の売り上げが500万円を超えました。「これはすごいビジネスだ」と確信して、さらに力を入れた結果、翌年末には月商750万円を超え、なんと2019

年末には月商1300万円超をあげるまでに成長しました。

　3年以上かけて仕入れ方法や販売方法などを洗練させた結果、私が指導しているコミュニティのメンバーはほぼ全員が2カ月目、3カ月目には確実に売り上げをあげることに成功しています。

　このように、誰でもきちんとポイントを押さえて、その通りに実行するだけで、安定した売り上げをあげることができます。これまで私がいろいろな人に教える中で、サラリーマンや主婦の方でも取り組みやすいように改良を重ねたノウハウを本書では十二分に盛り込んでいますので、期待して読み進めていただければと思います。

☆ それでも一歩踏み出せない人へ

　これまで繰り返し「誰でも簡単に取り組める」「安定した売り上げをあげられる」と言いましたが、それでもやはり最初の一歩を踏み出せないという方もいらっしゃるでしょう。

　また、「確実に儲かる」とうたった副業の解説情報はこれまでにたくさん出回っていますが、その中には、実行に多くの手間がかかったり、難易度が高かったり、ひどい場合には詐欺まがいの内容だったりすることもあります。

　「この情報……、もしかしたら稼げるかも？」と思って本書を手に取っていただいた方の中にも、「このノウハウは本当かな？」と疑っている方がいるかもしれません。

　そんな疑念を払拭していただくために、私が運営するコミュニティで成功している方たちの事例をいくつかご紹介します。

> **成功事例01** Aさん（サラリーマン、男性、50代）
> 　Aさんは、現在ある一流企業にお勤めのサラリーマンです。
> 　50代にさしかかり、ライフ・シフトを検討しはじめました。

「なにか副収入を得る方法を見出したい」と、私が運営するコミュニティに参加し、2019年7月に物販を開始。

　積極的に仕入れを実施した結果、すぐに売り上げがあがるようになりました。

　年末には、ネット店舗だけでなく、実店舗での仕入れも開始。副業ながら単月で約200万円の売り上げをあげることができ、利益も20万円程度あげられたそうです。

成功事例02　Bさん（専業主婦、女性、30代）

　Bさんはとても慎重な方なのですが、マイホームを夢見ており、過去には情報商材や仮想通貨（暗号資産）にも投資したことがあります。一時的には成功していましたが、仮想通貨バブルの崩壊のあおりを受けて、トータルではマイナス圏におちいってしまったそうです。

　私とはもともとご縁があり、物販ビジネスをサポートしていただいた時期もありました。今では、「自分のおこづかい程度に」とご自分でもAmazon物販にチャレンジしたり、最新の方法である輸入物販にも取り組んでおり、安定的な収入と楽天ポイントを得ていらっしゃいます。

成功事例03　Cさん（元サラリーマンの物販業者、男性、40代）

　Cさんは、数年前まである一流企業にお勤めのサラリーマンでしたが、自分でビジネスを立ち上げたいと考え脱サラ。自分のやりたいNPO活動に積極的に取り組みながら、収入を得るためにAmazon物販を始めました。

　今では、楽天ポイントを活用した物販を実践しています。あまり労力をかけずに、毎月楽天ポイントを10万ポイント獲得していて、毎月20万～30万円程度の収入を得ています。

成功事例04 Dさん（サラリーマン兼大家、男性、40代）

　この方は、以前からサラリーマンとしてある会社に勤めながら、その信用力を元手に不動産経営をしています。

　もともとビジネスセンスのある方で、物販はなじみやすかったようです。コミュニティにお誘いしたところ、すぐに参加されました。

　2019年末にはほぼネットショップからの仕入れだけで、単月で約260万円超を売り上げ、楽天ポイントもしっかり獲得していました。

　また、楽天ポイントを有効活用することで、ご自身が経営する不動産会社の経費を圧縮したり、経営資源にも有効利用しており、Amazon物販がほかの仕事のメリットにもなっています。

　ここまで、実際に稼いでいらっしゃる方の一部をご紹介しました。ほかにも、地方在住で稼いでいる方、楽天ポイントを獲得することに注力して生活費を大幅に節約している方など、成功事例はたくさんあります。

　今回は4人の実例でしたが、どのような境遇の方でも、実績をあげられているということはおわかりいただけたのではないかと思います。

05 Amazon物販に関する素朴な疑問にお答えします

　このコーナーでは、「Amazon物販を始めよう！」と考えたときに、多くの方が抱くであろう疑問や直面するであろう問題について、一問一答形式で解説していきます。

☆ Q01 会社が副業禁止なんですけど……

　そういうことを言う会社はまだ多いですね。実は、私が受ける質問で一番多いのはこれなんですよね。

　「副業したいけれど、禁止されているので……」とか「副業解禁というけれど、ウチの会社は違う……」とかいうことですね。

　少し長くなりますが、ここは大事なところなのでしっかりと解説しますね。

　まず、副業についてどう規定されているかは「就業規則」で確認をする必要があります。就業規則とは、会社での賃金や退職、就業に関する労働条件を記載した書類です。これは、法的には従業員10名以上を常時雇用している会社であれば、原則として作成したあと労働者に周知し、労働者の代表者の意見を聞いたうえで労働基準監督署に提出しなければならないとても大事な書類です。

　ただ、私が多くの企業やコンサルタント仲間にヒアリングした結果では、就業規則がみんなに周知されるどころか、零細・中小企業

では「人事課長の机の中にしかない」という場合もしばしばあります。これでは、

「都合の悪いことを見せないようにしている……」

と、従業員に勘繰られてもおかしくありません。

　ちなみに、就業規則は労働組合の有無に関係なく、作成して労働基準監督署に届けなければなりません。大事な書類なので、多くの会社は、厚生労働省が公開している「モデル就業規則」をもとにして、自社の「就業規則」を作っているのが実態です。

　実は、この「モデル就業規則」が2018年1月に大きく改定になりました。

　改定前は、第11条の（労働者の）遵守事項に「許可なく他の会社等の業務に従事しないこと」とありましたが、改定後は全面削除。

　加えて、「副業・兼業」についての条項が新設され「労働者は、勤務時間外において、他の会社等の業務に従事することができる」と明記されました。まさに、180度ガラッと変わったわけです。

　もちろん、モデル就業規則が改定しただけでは十分ではなく、各社の就業規則が改定されなければなりません。しかし、国の方向性が変わってきた以上は、各社の就業規則も改定される方向にあるのではないでしょうか。まずは、ご自分の会社の管理部門の方に確認してみてはどうでしょうか。

　もし、まだ改定されていないとしても、実は司法の場では「副業禁止規定の効力は、基本的に否定されており、ごく例外・限定的な場合にのみ有効である」とされています。

　これは「就業時間外は本来労働者の自由であることからして、就業規則で兼業を全面的に禁止することは、特別な場合を除き、合理性を欠く」（小川建設事件〈東京地裁決定、昭和57年11月19日〉）や、

第**1**章

副業するなら「Amazon物販」が最適な理由

第**2**章
第**3**章
第**4**章
第**5**章

「会社の企業秩序に影響せず、会社に対する労務の提供に格別の支障を生ぜしめない程度のものは含まれない」（橋元運輸事件〈名古屋地裁判決、昭和47年4月28日〉）という判決が出ているためです。

　このようなことから、会社の機密が漏洩する可能性があるライバル企業に雇用されるというようなことは避けたほうが賢明ですが、会社に対する労務の提供に格別の支障がない場合には、万が一裁判となった場合でもあまり心配しなくてもよいと私自身は考えています。

✡ Q02 個人事業主で時間があまりないんですけど……

　これもけっこう多い質問です。

　「時間がない」ということを理由に「難しい」と感じている方は本当にたくさんいらっしゃいます。

　もちろん、「まったく時間をかける必要がない」という無責任なことを言うつもりはありません。最初の頃はそれなりに時間がかかります。

　しかし、ある程度作業に慣れてしまえば、毎月3〜4日（各30分〜2時間ほど）の作業だけでもそこそこは稼げます。これでも「それだけの時間がとれない……」という方は、副業うんぬんの前に、今のご自身の働き方や時間の使い方を見直したほうがいいでしょう。

✡ Q03 専業主婦なので商売のことがまったくわからないんですけど……

　専業主婦の方や学生さんなど、商売のことがまったくわからない方でも問題ありません。普通に四則演算（足す・引く・掛ける・割る）ができれば大丈夫です。

　Amazon物販をできる限り単純に説明すると「できるだけ安く買っ

て、買った金額よりも高い価格で販売すれば、儲かる」というビジネスモデルです。

　ただし、単に高い価格で販売するというだけでは「買ってもらえない」ということになりがちです。要は「適正価格で提供する」ことが大事なのです。また、できるだけ安く買うという点においては、生活の知恵を活かせる専業主婦のほうが男性よりも長けている傾向が強いと個人的には感じています。

✧ **Q04** 本当に売れるんですか？　個人が会社に勝てるとは思えません。

　何をもって「勝ち負け」というかは個々人の考え方次第だと思いますが、正しいやり方できちんと取り組んでいただければ、個人であっても問題なく売れます。

　個人だろうが大会社だろうが、Amazonのアカウントにおいては広告の出稿をのぞけば、それほど大きな違いはありません。

　Amazonで物販をしてる個人（個人事業主や中小企業も含む）が、大会社よりも多く売っているというケースはたくさん存在します。なお、私のアカウントも、中小企業のレベルですが、しっかり売れていますよ。

✧ **Q05** なぜAmazonで売るんですか？　ヤフオク、メルカリじゃダメですか？

　これは、大きな理由が2つあります。どちらもAmazonの仕組みによるものなのですが、ほかのショッピングモールやオークションなどと大きな違いがあるのがこの部分です。

　1つ目がショップと商品の位置づけが違うことです。

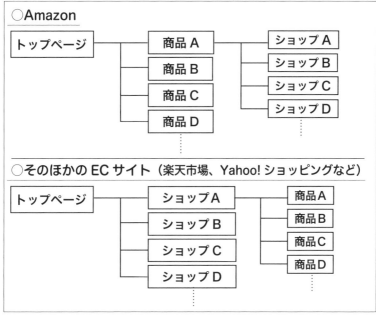

通常、ネットショップでは、商品ページは出品者が自分で作る必要があります。ヤフオク、メルカリ、Yahoo!ショッピング、楽天市場もそうですが、ショップに商品がぶら下がっているという構成になっています。

一方、Amazonは商品ページ（Amazon上では「カタログ」と呼ぶ）を、ほかの人と共有することが一般的です（図1-3）。

既存のカタログ（商品）に相乗りする形で、ショップがぶら下がっているので、同じ商品を出品するときの手間が圧倒的に少なくて済むのです。

また、2つ目ですが、Amazonが用意しているFBA（フルフィルメント by Amazon）という仕組みがとても優れていることです。これについては、のちほど詳しく説明します。

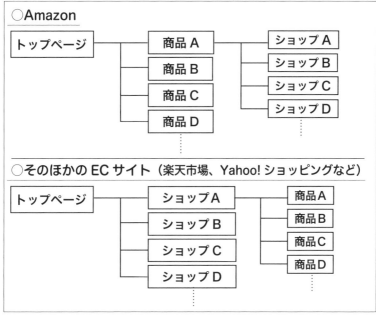

○**Amazon**

トップページ — 商品 A — ショップ A / ショップ B / ショップ C / ショップ D
商品 B
商品 C
商品 D

○**そのほかの EC サイト（楽天市場、Yahoo! ショッピングなど）**

トップページ — ショップ A — 商品A / 商品B / 商品C / 商品D
ショップ B
ショップ C
ショップ D

図1-3

✧ **Q06** 売れ残りのリスクがコワイのですが……

そうですね。物販で一番コワイのが売れ残りリスクです。

これを心配する方は、ビジネスのセンスがある方だと思います。ただ、私の採用している方法では、売れ残りのリスクは最小限に抑えられています。それは「売れている商品を扱うから」です。

「えっ、そんなのがわかったら、苦労しないよ……」というのは、ECサイトやほかのネットショップでの物販を経験された方からよくいわれる感想ですね。のちの章で詳しく解説しますが、実はAmazonでは売れているかどうかを見分ける裏ワザ的な方法が存在しています。それらを使って、Amazonで売れているものを確認しながら、それを仕入れるので、売れ残りのリスクを最小限に抑えることが可能なのです。

✧ **Q07** 資金繰りがショートするリスクがありますよね？

Q06 に近い答えにもなりますが、売れ残りと資金繰りには強い相関関係があります。

売れ残りがあると「売れていないので現金が足りなくなる……」という、想像するだけで恐ろしい状態です。もちろん、「絶対に資金繰りでショートしない」とは言い切れませんが、売れ残りにしないようにして、早めに現金化することが大事ですね。

それともう1つ、Amazonの支払いタイミングは2週間に1度が標準です。すぐに売れる商品を扱えば、一番長くて14日プラス数日で現金化できるということになります。これは、あと払い可能などんな決済手段よりも早いタイミングではないでしょうか？

仮にクレジットカードで支払った場合、だいたい30〜60日程度のタイミングで決済されるのが一般的です。14日プラス数日で現

金になるのであれば、カードの支払い期日まで十分に耐えられるは
ずです（図1-4）。

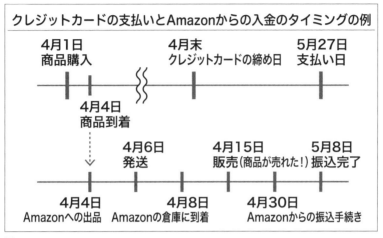

クレジットカードの支払いとAmazonからの入金のタイミングの例

4月1日
商品購入

4月末
クレジットカードの締め日

5月27日
支払い日

4月4日
商品到着

4月6日
発送

4月15日
販売(商品が売れた!)

5月8日
振込完了

4月4日
Amazonへの出品

4月8日
Amazonの倉庫に到着

4月30日
Amazonからの振込手続き

図1-4

☆ Q08 高く売れる商品を扱わなければいけませんよね？

「高く売れる」というのがどれくらいの価格を意味するのかにもより
ますが、「高利益率のものを扱う」というイメージでしたら、それは
少し違うかもしれません。

　確かに多くの物販ノウハウが「利益率○○パーセント超え！」とか「一
撃○千円の利益！」ということをウリ文句に宣伝しているので、そう
いうイメージがあるのかもしれませんね。

　私が教えている物販ノウハウは、これらとはまったく考え方が違い
ます。私は「利益率よりも回転率のほうが重要」と考えています。そ
のため、短期間に派手に儲けられるものではありませんが、回転率を
基準にしつつ、きちんと利益が出るもの、売れやすいものを選ぶので、
着実に売れていき、着実にお金が増えるというサイクルになります。

☆ Q09 顧客対応（問い合わせ、クレームの処理）が大変そうなんですけど……

すでにネットショップを運営した経験がある人や、リアル店舗での店員を経験したことがある方はこう考えますよね。

実はQ05でも紹介したFBAの仕組みの中に「カスタマーサポート」が入っているのです。FBAは、「フルフィルメント by Amazon」の略で、販売前の在庫保管から、販売後の発送、カスタマーサポートを比較的安価にAmazonに一任することができるサービスです。FBAで出品・納品したものについては、Amazonがほぼすべて顧客対応をしてくれます。お客さまからの問い合わせのメッセージをいただいても、極端に言えば一部を除いて「それは、Amazonに聞いてくださいね」で終了です。

たとえば、12月は一番の繁忙期ですが、問い合わせが来たものはほとんどAmazonにおまかせしました。

ただし、FBAを利用すると、Amazonが顧客第一主義にのっとって返品もほとんど無条件で受け付けてしまうので、そこが少し困ったところです。とはいえ、返品額よりも販売総額のほうが圧倒的に大きいので、FBAを選ばない手はないと思います。

☆ Q10 発送作業や顧客対応が大変そうなのですが……

ネット物販において、負担が最も大きい作業が実は発送作業です。

しかし、Q09で紹介したFBAを利用することで、作業の手間はほとんどなくなります。出品者（セラー）の私たちは、Amazonから指定された倉庫に商品を納めるだけです。納品後はAmazonが24時間365日、注文が入れば自動的に発送してくれます。

また、送料も自分が発送するよりも安い場合が多く、全国一律の

第1章

副業するなら「Amazon物販」が最適な理由

第2章
第3章
第4章
第5章

料金で発送してくれます。昔は、運送会社と契約したほうが安いというケースもありましたが、今は契約すらなかなかできないというケースも多いと思います。これだけでもFBAを利用するメリットは大きいことがおわかりいただけると思います。

　もちろんAmazonで販売して、自分で発送する手段（「出品者発送」とか「自己発送」といいます）もとれますが、発送作業にかかる労力はかなり大きくなります。最悪休んでいる暇がなくなるかもしれません。おまけにカスタマーサポートも自分でやる必要があります。

　そう考えると、面倒な作業はAmazonにまかせて、自分は「いかに安く仕入れるか」ということに集中したほうが有利です。

　ここまで多くの方が抱く質問や直面する問題について、一問一答形式でお答えしました。細かいところはともかく、Amazon物販は工夫次第で比較的楽に稼げる手段であるということはおわかりいただけたかと思います。

　次章からは、本書で紹介するビジネススキームについて詳しく解説するとともに、Amazon物販に対してどのような考え方をもって取り組めばいいかということをお伝えしていきます。

第 **2** 章

Amazon 物販の仕組みを 知ろう

Chapter2

01 Amazon物販の ビジネススキームと メソッドについて

この章では、私がやっている Amazon 物販はどのような仕組みでビジネススキームが成り立っているのかを解説するとともに、メソッドについて理解していただきます。

✦ Amazon物販の全体像

私が使っているメソッドはそれほど難しいものではありませんが、初めての人にとっては少しとっつきにくいかもしれません。しかし、いったん理解して実践していただければ、すごく安く商品を仕入れることができるようになります。

できるだけわかりやすく解説していくので、お付き合いください。

まず、物販の基礎的な話をします。すでに営業や販売の経験をお持ちの方にとっては「釈迦に説法」かもしれませんが、ものすごく単純に説明すれば、私がやっているビジネスは次の言葉に要約されます。

可能な限り安く買って、適正な流通価格でインターネット上で販売する

「なんだ、簡単なことじゃないか」と思われた方も多いかと思います。そう、ごく当たり前の簡単なことをやっているだけなのです。

第1章

第2章

Amazon物販の仕組みを知ろう

第3章

第4章

第5章

　仕入元は、皆さんが普段使っているネットショップ（本書では楽天市場）を使います。

　もちろん、楽天市場以外にも仕入れに使えるネットショップは数多くありますし、私もYahoo!ショッピング（PayPayモール）やほかのサイトで仕入れることがあります。

　しかし次の3つの理由で、楽天市場を一番多く利用しています。

> **01**　Amazonと同様にリサーチ方法が確立している
> **02**　利用者の数が膨大で常に賑わっている
> **03**　ユーザーにとって非常に有利なポイント還元の仕組みがある

　以上の点が、ほかのネットショップに対する大きなアドバンテージです。

　そのため、この本では楽天市場に焦点を絞って解説をしていきたいと思います。

　そして、楽天市場で仕入れた商品を販売するのは、主にAmazonです。

　これについてはのちほど詳しく解説します。

☆ 安定的に稼げる秘訣は？

　安定的に稼いでいくには複数の要素が関連してきますが、商品選びにおいて、特に重要な点は次の3つです。

> **01**　同じ場所で安く買える（仕入れられる）こと
> **02**　たくさん売れていること
> **03**　販売価格の推移が比較的安定していること

仮に、「01　同じ場所で安く買える（仕入れられる）」商品が簡単に見つかるようであれば、多くの販売者が買って出品するため、「飽和」状態（供給過多）となり、「値崩れ」してしまう危険性があります。しかし、「02　たくさん売れている」商品で供給よりも需要のほうが大きいと判断できるのであれば、ある程度出品者（販売者）が増えたとしても、価格は維持されます。

　もちろん、価格競争力がある販売者のほうが強いので「ほかの人よりも安く買っているセラー」が価格の主導権を持つということはおわかりいただけると思います（安く買っている分、ほかの人よりも値段を下げる余力があるため）。このことからも、安く買えるネットショップをいち早く見つけてほかの出品者よりも安く売ることができれば、稼げる確率は高くなります。

　実際に、私が運営するコミュニティのメンバーたちは、このやり方によりわずか数種類の商品の取り扱いで1カ月に5万円程度、多いときで10万円程度の利益を確保しています（もちろん、もっと稼いでいる人もいます）。

　繰り返しになりますが、たとえ安く買えるネットショップが見つかったとしても、売れている数が少ないと、同じ商品を扱う出品者が増えたときに価格競争におちいり、簡単に値崩れしてしまうので、「売れている／売れていない」の見極めは本当に大切です。

　出品者が激増して値下がりしてしまうということは、ネット物販ではよくあります。これは避けがたいことなので、もし値下がりしたというのであれば、たとえ損をしていたとしてもさっさと安い価格で売ってしまい「損切り」をするようにします。利益が出ないのであれば、損失を最低限に抑えるという方向に頭を切り替えるのです。その経験を次の仕入れ・販売に活かすようにします。

　また、扱っている商品が人気で価格が上がっている局面であって

も、高値を極限まで追求するのではなく、売れやすい価格帯でなるべく早めに売って利益を確定するようにします。そして、「もう一度安く仕入れて売る」ということを繰り返すのです。そうしたほうが最終的に手元に残る利益は大きくなります。

☆ いつ買えばいいのか？

商品を仕入れるタイミングは、ずばり安売りの日（セールの日）です。
これは、楽天市場以外のショッピングサイトでもほぼ同じです。
皆さんもテレビCMやネット広告で見たことがあると思いますが、楽天市場でいえば主なセールは次の3つです。

・スーパーSALE
・超ポイントバック祭
・お買い物マラソン

楽天市場がCMを打つのは、年に4回のスーパーSALEのタイミングだけのようですが、それ以外のセールは、毎月1回は必ず行われています。タイミングの詳細については、今までの傾向を踏まえたうえで、のちほど詳しく解説します。

最近はセールの回数が多くなっています。商品を仕入れる側にとっては、セールの回数が増えれば増えるほど、儲けのチャンスが増えると考えていいでしょう。

また、それ以外にもお得なショップもありますが、毎月3〜4日ほど仕入れるだけでOKなのです。

☆ ネット店舗で仕入れて利益が出る理由

　それでは、ネットショップで商品を仕入れることで利益が出せる理由を解説します。

　私は、これまで数多くのショッピングモールで商品を販売していました。その経験から言えることは、あるショップで特売されている商品がほかのすべてのショップでも同じように特売されているとは限らないということです。多くの方は、どのショップでも同じ商品は同じくらいの値段で売られていると思っていますが、そうとは限りません。

　1つ目の理由は、ほかのショッピングモールの出品用アカウントを持っていない（出店していない）という場合です。2つ目は、たとえば、セールを数日後に控えているなどの施策的な理由です。

　特にセールのタイミングでは、ショップだけでなく、ショッピングモールも費用を投入して、顧客を集めて売り上げを上げるための施策を打ちます。

　ショッピングモールは「モール全体にお客さまを誘導する」ために、一方ショップは「自分のショップにお客さまを誘導する」ために広告宣伝費を使ったり、値下げをしたり、普段よりも多めにポイントを還元します。

　この中でも多いのがポイント還元です。値下げだとどうしても商品やその個数が限定されるため、その商品の購入者しかメリットを得られません。それに対してポイント還元であれば、顧客は好きな商品を好きなだけ買うことでメリットを享受できます。

　特に、楽天市場の場合、スーパーSALEやお買い物マラソンのときに「最大44倍のポイント還元」という破格のポイント還元を行っています。「最大44倍」とは「販売価格の44パーセント引き」ということです。

第1章

第2章

Amazon物販の仕組みを知ろう

第3章

第4章

第5章

　本書で紹介するAmazon物販では、この楽天市場のセール時の
ポイント還元率の高さを利用して、できるだけ商品を安く仕入れる
というのが最大のミソなのです。

☆ でも販売価格が高くなっているんですよね？

　この話をすると、ほとんどの人が次の質問をしてきます。

**「販売価格の44パーセント引きといっても、どうせその直前に販売価
格を一時的に引き上げて、割引率を盛っているのではないのですか？」**

　残念ながら、そのようなことをやっているショップはゼロではな
いようです。ただし、このような行為は「一般消費者を事実誤認さ
せるもの」であり、「二重価格表示」として「不当景品類及び不当
表示防止法（景品表示法）」という法律に違反するおそれがあります。
　ですので、もしそのようなショップを見つけたら、楽天市場に報
告したり、消費者庁や消費者センターに報告しましょう。特に、消
費者庁や消費者センターが違法と判断すれば、ショップに対して是
正するように勧告をしたり罰金を科したりします。また、楽天市場
もそのような行為が起こるとモール全体の運営に影響が出るため、
ショップを厳しく指導するはずです。もちろんショップもわざわざ
不利になるようなことはしないでしょうから、その点は信用しても
いいと思います。
　ただし、ショップによっては通常時の価格がそもそも高めという
ところもありますから、やはり複数のショップを見て価格を確認す
るようにしましょう。

☆ 利益率より回転率を重視する

　また、この方法で得られる利益についてもよく質問されます。

　特に「どれぐらいの利益率なのですか？」と聞かれるので、それについて説明します。

　もちろん購入する商品によって利益率はまちまちですが、私の基準では10パーセント以上の利益率を購入の判断基準にしています。ものによっては、利益率40パーセント、50パーセント、あるいはそれ以上というものもありますが、最も重要な選定基準は「その商品は本当に売れているか？」という点なのです。

　いくら安く買えたとしても、売れなければお金になることはありません。単に、在庫として残るだけです。

　利益率の高さに目がくらんで買ったものの、売れないと、次の仕入れ資金がその分減ってしまいます。仮に手持ちの資金が足りなくなれば、買ったときよりも安い値段、下手をすると二束三文で処分せざるを得ないかもしれませんし、もしかしたら処分すらできないかもしれません。

　それに対して、利益率はあまり高くなくても、売れているものであれば、現金化も早いでしょう。また、安い値段で売ったとしても、現金化できれば、別の商品を購入することができます。その商品で利益を狙えばいいのです。

☆ 回転率がいいものは複利で稼げる

　「売れているもの」を買うことの重要性についてさらに詳しく説明しましょう。

　たとえば、次の2つの商品があってともに値段が1000円だったとします。

第1章

第2章

Amazon物販の仕組みを知ろう

第3章

第4章

第5章

商品A	利益率は30パーセントと高いが、1カ月に1個しか売れていないもの
商品B	利益率は5パーセントと低いが、1週間に10個売れているもの

あなたなら、どちらを選びますか？

少し考えてみてください。

私なら、迷わず商品Bを選びます。

なぜか？　考えてみてください。

私が基準としている利益率10パーセントは、単純計算では「1000円で買ったものをそれよりも高い値段で売り、その売り上げからAmazonの手数料などの経費を差し引いて、最終的に手元に1100円が残る」という意味です。これは「原価粗利率」といわれているものです。

たとえば、先ほどの商品Bの場合、利益率が5パーセントですから「1000円で買って、売ったあとに手元に1050円が残る」ということになります。

1週間に10個売れているならば、1日に1個以上売れていることになります。

仮に1個売れたら、お金は1050円になります（＋50円）。その売り上げの中から再び商品Bを1000円で買って売れば、手元のお金は次の日には1100円になります。これを10日間繰り返せば1500円、20日間繰り返せば2000円になります（次ページ図2-1）。さらに、21日目から商品を2つ買って、2つ売るようにすると2100円に、30日目には3000円となります。なんと1カ月で、最初の1000円が3倍になるのです（※もちろん、これはたとえ話です。実際にはこんなに目まぐるしく売り買いをすることはありません）。

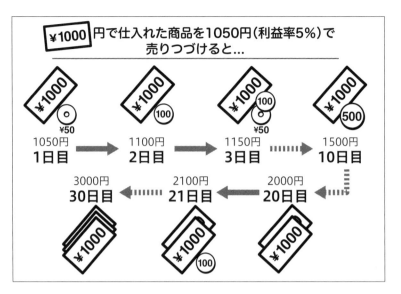

図2-1　物販で利益をあげる仕組みのイメージ

　ここで、商品Aについて考えてみましょう。商品Aの利益率は30パーセントですから、売れれば1300円が手元に残ります。しかし、1カ月に1個しか売れません。それに対して、商品Bは利益率は低くても1カ月の間に繰り返し売買することで3000円以上を手元に残すことができます。これは貯金の複利効果と同じようなものですね。

　これで、私が「売れているもの」を重視する理由をご理解いただけたと思います。

　ここで紹介したのはあくまで現金取引を毎日行うと仮定した場合の話です。実際のAmazon物販では、売れてから入金までにタイムラグがあるのですが、考え方は同じです。売れているものを扱えば、その分早くお金が入ってきて、資金繰りに悩むことも少なくなります。

第1章

第2章

Amazon物販の仕組みを知ろう

第3章

第4章

第5章

☼ 今から取り組むのではもう遅いのでは…？

もしかしたら「楽天スーパーSALEなどは昔からやっているので、今から取り組むのではもう遅いのでは……」と考えている方もいらっしゃるかもしれませんが、私はまったく心配はないと思っています。

最近の楽天市場のセールには次のような傾向があります。

- ・「スーパーSALE」が四半期に1回開催される
- ・2019年からは「お買い物マラソン」の開催が月2回に増えた
- ・セールの間隔が短くなってきている
- ・年の後半のほうがセール回数が多い
- ・2020年もセールの多発傾向が続きそう

2019年10〜12月の経済成長率（実質GDP成長率）に至っては、キャッシュレス還元などの景気刺激策も空しく、前年比年率マイナス7.1パーセント（前期比マイナス1.8パーセント）となりました。

消費税増税前の駆け込み需要からの反動減を受け、民間需要が軒並み大幅なマイナス成長となったというのが原因です。

キャッシュレス還元は、消費税増税と同時に政府の景気刺激策として導入されました。これは、ご存じの方が多いかと思いますが、中小企業の販売者から買った場合には「5パーセント分を還元してもらえる」という施策です。この施策も2020年6月に終了となりましたが、コロナ禍の影響で景気が下振れしていることから、景気対策の名目で同様の施策が新たに導入されるのではないかという話も出ています。

民間需要がマイナス成長であるということは、小売店の売り上げもそれにともなって減っているはずですから、すでに多くの業者から「なんとかしたい！」という声は出ていることと思いますし、楽

天市場などのショッピングモールも、売り上げをあげていくために施策を考えることでしょう。

　これに加えて、2020年には、新型コロナウィルス（COVID-19）が全世界に蔓延し、猛威をふるっています。リアルの店舗にとっては、外出自粛などの影響が非常に大きく響いているのが現状です。

　多くの小売店が影響を受けていますから、ネットにその活路を求めていくということは大いに考えられます。

　このようなことから、私はセールの開催回数が大きく減ることはないと考えていますし、むしろ、楽天市場をはじめとするネットのショッピングモールでのセールは、これまで以上に盛り上がってくるのではないかとすら思っているくらいなのです。

02 具体的なメソッドについて

　ここからは具体的なメソッドを説明していきます。実際に私や私のコミュニティのメンバーたちがやってきた方法ですので、正しく実践していただければどなたでも再現できるはずです。

☆ 具体的に何をやればいいのか？

　まずは、初級者の場合は、前章で説明した「セール」で買って、楽天ポイントを貯めていくのがおすすめです。貯めたポイントは、次回の仕入れに使うということが基本です。とはいえ、一部は自分の欲しいものの購入に当ててもいいでしょう。

　しっかりと楽天ポイントを貯められるようになったら、中級編へステップアップしていきます。

　中級編では、通常の転売では当たり前に行われている「プレミアム価格」での売りと「処分価格で売られる商品」を仕入れるということに挑戦します。ここまでは1人でやれる範囲です。しかし実際には、商品の購入制限などがあるため、1人で動くにはどうしても限界があります。

　そこで、次のレベルである上級編では、同じように物販をしている仲間とチームを組んで販売数を増やす方法をとります。

　こうやって自分のステージを上げていく間に「どうやればポイン

トがたくさんもらえるのか？」と探求し、スキルアップすることで利益率を向上させていきます。

もちろん、楽天市場で買ったものを売るのですが、本書ではAmazonでの販売を推奨しています。

すでに前の章でお伝えしましたが、Amazonでの販売はネット物販の初心者にとって取り組みやすいものになっています。もちろん、販売額を大きくしていくためにはいろいろな工夫は必要ですが、「商品の登録」という面ではヤフオクやメルカリなどのオークションサイトよりも簡単になっています。

✵ まず初めにやることとは？

Amazon物販をやると決めたら、真っ先に「Amazonの出品用アカウントを取得する」ことをおすすめします。

多くの方が、「楽天市場で商品を仕入れる方法を学んで、仕入れを終えたら、Amazonの出品用アカウントを取得して……」と思っていらしたのではないでしょうか。

「楽天市場のアカウントを持っていない人でも？」と聞かれても、私は先にAmazonの出品用アカウントを取るようにとお答えします。

その理由を説明しましょう。

確かに、仕入れもしていない段階で出品用アカウントを取得するというのは、ちょっと順番が違うのではないかと思われるのも無理はありません。

しかし、今やAmazonの出品用アカウントは、日に日に取得するのが難しくなってきているのです。

これは、数年前に起きた話です。

以前は、AmazonでCDやDVDなどを販売するのは簡単でした。Amazonの出品用アカウントさえ持っていれば、Amazonに申請

第1章

第2章

Amazon物販の仕組みを知ろう

第3章

第4章

第5章

して許可を得ることで誰でもできました。

　Aさんは、CD／DVDを販売する予定はなかったのですが、許可が取れるうちに取っておいたほうがいいと考えて、条件をクリアして申請し、許可を取りました。

　一方Bさんは、CD／DVDを販売する予定がなかったので、「もしいつか販売することになったらそのときに取ればいい」と思い、申請しませんでした。

　ある日、BさんがCD／DVDを販売することになり、許可を申請しようとしました。ところが、申請するボタンが表示されません。

　Bさんは「やり方を間違えたのかな？」と思い、CD／DVDの出品を教えてくれた物販の先生に相談しました。

　すると、先生は「Bさんにはずいぶん前にやり方を教えたから、大丈夫だったでしょ？　えっ？　やってなかったの……。CDとDVDの販売は申請できなくなったんだよ。Amazonの規約変更は突然だから、こういうこともよくあるんだよね。だから早く申請しなさいとアドバイスしたのに……」と言いました。

　これを聞いたBさんは絶句してしまいました。

　Amazonは突然、新規のCD／DVDの販売申請を受け付けなくなりました。何の予告もなしにです。

　また、許可された出品が突然ロックされることもあります（現在は限られた人しか出品できないブランドが存在します）し、かつては出品できたものが突然、出品許可申請が必要になるということもあります。

　販売者にとってはきびしいところではありますが、Amazonのプラットフォーム上で販売している以上は、Amazonが決めたルールに従わざるを得ません。

　現在、新規に出品用アカウントを取得する間口は広いのですが、

それでも以前に比べるとずいぶんと狭くなってきています。そのため、できるだけ早くアカウントを取得しておくのが得策です。

✨ 販売できるものによって 出品用アカウントの価値が変わる

　今から出品用アカウントを取得した人はCD／DVDが販売できないといいましたが、販売できなくなる以前に販売許可を得た出品用アカウントであればCD／DVDを売ることができます。

　この出品用アカウントの価値はいくらくらいだと思われますか？

　私が聞いた限りでは、100万円以上で取引されているそうです。

　本来、出品用アカウントを売買することはできませんが、譲渡する方法はあります。CD／DVDを販売したいという方にとってはノドから手が出るほど欲しいでしょうから、高値で取引されているのでしょうね。

　ご自分の出品用アカウントを出品規制解除して、しっかり育てることができれば、出品用アカウント自体が価値を持ちます。このような話を知ったら、「いち早く出品用アカウントを取得しよう」という気持ちになったのではないかと思います。

03 リスクは どんなことか?

☆ 一番最初に直面するのが「売れ残り」リスク

ほとんどの物販で直面する、最大のリスクは「商品が売れ残ること」です。

先ほども「利益率より回転率を重視する」「できるだけ早く現金化する」ということをお伝えしたので、カンのよい方は気づいていただけるでしょう。

自分が思ったように売れないせいで、仕入れの資金が枯渇してジ・エンドなんてことになってしまっては元も子もありません。

商品が売れ残ってしまった場合は、2つの悲惨な結果が待っています。1つは「利益を得られないこと」、そしてもう1つは「資金がロックされ、仕入れができないこと」です。

物販を始めたばかりの初心者がおちいりがちなのが、「値段が下がってしまって、今売っても利益が出ないから売らないで、値段が回復するまで待とう」と判断してしまうことです。いや、初心者に限らずベテランの方でもしばしばこのような判断をしてしまいます。

私は、自分のコミュニティのメンバーや物販を教えている方たちには「損切りは早めに……」と教えています。季節モノであればなおさらです。

季節モノが売れ残った場合、次のシーズンまでの1年近くその商品は塩漬けになります。置き場所もとりますし、倉庫に置けば保管

料もかかります。資金が潤沢であれば「寝かせる」という手もありですが、あまりおすすめできません。

　値下がりした商品の価値が戻ることもごくまれにはありますが、ほとんどの場合「商品の鮮度は落ちていくもの」なので、値段は下がる一方です。何かイベントが発生して需要が逼迫しているというのであればまだしも、そうでなければ今の価格が一番の高値であると割り切って、多少損をするとしても販売してしまって少しでも現金を回収するようにしましょう。そして、回収した現金で別の商品を仕入れ、新たなチャンスを狙うのです。

☼ 売れ残りリスクを防止する最良の方法は？

　ここまでお読みいただいておわかりいただいたと思いますが、売れ残りリスクを防止する最良の方法が、これまで繰り返し言っている「利益率ではなく、売れているものを選ぶ」ということなのです。売れているものを選んで仕入れれば、ほぼ確実に売れる（現金化できる）ので、ビジネスのサイクル（仕入れ→販売→仕入れ→販売……）が循環するのです。

　仕入れと販売の回転数が増えていけば収支は必ずプラスになっていくので、焦らずに「売れているもの」を選ぶようにしましょう。

☼ 出品用アカウントが停止・凍結されるリスク

　Amazon物販におけるリスクの1つに、出品用アカウントの停止・凍結があります。

　私の出品用アカウントは、かつて知的財産権侵害を理由に特定の商品の出品停止を受けたことはありますが、ある程度の対策をしているので、これまで「凍結」されたことはありません。

第1章

第2章

Amazon物販の仕組みを知ろう

第3章

第4章

第5章

しかしながら、本当に多くの方が「出品用アカウント凍結」の憂き目にあっています。私が知っている範囲では次の原因が多いようです。

- ・真贋調査
- ・知的財産権侵害
- ・ギフト券没収
- ・レビュー操作
- ・コンディション違いでの出品

突然、Amazonのアカウントスペシャリストからメールが届く……。

たとえば「72時間以内に改善報告書を提出せよ」などという文面です。

正しく対応できればいいのですが、多くの場合はうまく対応できず、そのまま出品用アカウントが凍結されてしまいます

Amazonのセラーセントラル（図2-2）のログイン画面がほぼロックされ、売り上げ金の振り込みが保留されます。そうなってしまうと、当然に出品も販売もできなくなってしまいます。

すると資金繰りが一気にショートする可能性が高まります。

図 2-2　出品用アカウントの管理画面。この画面で商品登録、出品、在庫管理、出荷の手続きなどを行う

✼ Amazonによるアカウント凍結を防止する方法

アカウントの凍結は可能な限り防ぎたいところですが、すべての対策をすることは困難を極めます。

そこで最低限しておきたい対策は次の通りです。

> **01** Amazonの出品者規約をよく読んでおく
> **02** 購入者からの「出品者への評価」に気を配る
> **03** Amazonマーケットプレイス保証の数値に気をつける
> **04** コスメ系、健康食品系のブランドは慎重に扱う

残念ながら、万能の対策はありません。

しかし、私の知人で、メンターの1人でもある方は、今までに200人を超えるアカウントの復活をサポートしています。たとえば、メール1通でアカウントを復活させたり、数百万円の保留金を取り戻したりなど、国内最高峰の実績を持っています。

皆さんがAmazon物販を始めて、万が一アカウントを凍結されてしまったという場合は、私にお問い合わせください。この方をご紹介します。

第1章

第2章

Amazon物販の仕組みを知ろう

第3章

第4章

第5章

04 どれくらい稼ぎたいと思っていますか?

☆ いくら稼ぎたいかによって、必要なこと、やることが変わる

　さて、Amazon物販にまつわるリスクについて、ご理解いただいたと思いますので、ここからは稼ぐことについてお話ししたいと思います。

　そもそも、あなたはAmazon物販という副業をすることで、いくら稼ぎたいのでしょうか?　この稼ぎたい金額に応じて、必要なこと、やることは変わっていきます。

☆ 稼ぎ方と必要なことについて

「毎月5万〜8万円程度の収入を得たい」という場合は、私が「電脳仕入れ」と呼んでいる方法、つまり、ネットで仕入れてネットで売るという手法だけで十分に稼げます。本書が解説しているのもこの手法です。

　皆さんの中には、「もう少し多く稼ぎたい」という方もいらっしゃることでしょう。

　そうであれば、「楽天で買って、Amazonで売る」以外の方法をとる必要があります。その場合は、仕入れルートを広げ、楽天市場だけでなく、ほかのショッピングモールやリアル店舗などからも

仕入れる必要があります。つまり、Amazonで売れている商品を、なるべく安く購入するために楽天市場以外にも**横展開**するのです。

　もし、物販を副業レベルではなく本業にしようというのであれば、協力してくれるスタッフに作業を委託したり、物販の仲間と連携して利益の出る商品を探してそれを大量に仕入れることが必要になります。これは同じ商品を**縦積み**するということです。

　この「横展開」と「縦積み」をきちんとやることである程度大きな金額を稼げるようになるのです。

第1章

第2章

Amazon物販の仕組みを知ろう

第3章

第4章

第5章

05 サラリーマンが 会社バレを防ぐために やること

☆ こっそり副業したいあなたへ

　この本を手に取ってくれた方の多くは、サラリーマンかと思います。

　今は副業解禁の流れになっていますから、「会社が副業を許可しているので、空いた時間にネット物販でもやろうか」という方もいるでしょう。とはいえ、まだまだ「副業なんてまかりならん！」と禁止になっている会社にお勤めの方が多いのではないでしょうか。

　もし、あなたの会社が副業を禁止しているというのであれば、会社にバレないようにAmazon物販に取り組んだほうがいいでしょう。つまり、Amazon物販で収入を得たことを会社に隠さなければなりません。

☆ 確定申告は必ずやりましょう

　サラリーマンには会社の年末調整があるので、マイホームを購入したとか、医療費が多くかかったといったことでもなければ、確定申告をする必要はありません。

　ただし、Amazon物販など会社の給与以外の収入を得た場合は確定申告をする必要が生じます。

　さて、Amazon物販であげた利益は「事業所得」か「雑所得」で申告することになりますが、事業所得としたほうがメリットがあ

るので、そちらをおすすめします。

　確定申告は利益が出た場合だけでなく、利益が出なかった（赤字だった）としても申告しましょう。なぜならば、事業所得でマイナスが発生した（仕入れ額が売り上げ額を上回って損失を出してしまった）場合、給与所得との損益通算をすることができて、給与所得に対して発生した所得税や住民税の一部が還付されるからです。ただし、毎年が赤字の収支であれば、事業としてみなされないので、注意が必要です。

　さて、利益が出た場合に気をつけなければならないことがあります。税金の払い方で「普通徴収」と「特別徴収」の2種類があるのですが、普通徴収を選びます（図2-3）。

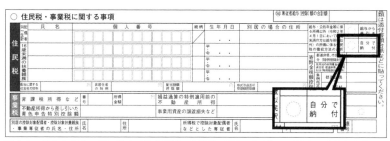

図 2-3　確定申告書 B 第二表の「○住民税・事業税に関する事項」の「給与・公的年金等に係る所得以外〜」で「自分で納付」の欄に○をつける

　特別徴収にすると会社の給与から天引きによる徴収となるため、会社が給与をもとに計算した金額と税務署が会社に請求する金額が違ってきます。ほとんどの会社バレはこのタイミングで発生します。「計算が合わない。さては副業をしているな」というわけです。

　普通徴収であれば、会社ではなく自分で副業で得た利益の分の税金を払うので、会社にバレることはまずありません。

　ちなみに、「マイナンバー導入のせいで、副業がバレやすくなった」ということをたまに耳にしますが、そんなことはありません。税務

第1章

第2章

Amazon物販の仕組みを知ろう

第3章

第4章

第5章

当局と行政機関なら話は別ですが、あなたの雇用先の会社（民間企業）が、マイナンバーを利用してあなたの個人所得を調べるなどということは不可能です。

「確定申告のときは普通徴収にする」ということだけ注意してください。

☼ バレない一番安全な方法は？

それでも「副業規定がきびしい会社なので、万が一でもバレたらコワイ」という方はいらっしゃると思います。

そんな方には、「会社を設立する」ことをおすすめします。もちろん、自分で設立するのではありません。奥さま、あるいはご両親、ご兄弟など、親族のどなたかに代表者を務めてもらうのです。

私の場合は、妻に代表者を引き受けてもらいました。会社設立の方法については、本書では割愛しますが、興味のある方は書籍やネットなどで情報を収集してみてください。

なお、会社を設立すると、経理的な処理が複雑になってしまったり、利益が出ていなくても法人住民税はかかるといった難点はあります。しかし、その半面、会社であることのメリットも享受できるので、ある程度の金額を投じて継続的にビジネスをしたいというのであれば、会社設立は視野に入れてもいいでしょう。

☼ お金ではなくポイントを貯めることを追求する

ここまでお読みいただいても、「どうしても会社バレがコワイ」「確定申告や会社設立が面倒」という方は、物販による金銭的な利益を追求するのではなく、ポイントを貯めることに集中してもいいかもしれません。

現在の法律では、付与されたポイントを資産として計上する必要

はないと聞いています（詳細は税理士にご相談ください）。

　ポイントを生活費（食費、交際費、交通費など）に当てることで、現金の支出が減るので、可処分所得は増えます。

　次の章で紹介する楽天ポイントの獲得方法を実践していただくだけで、かなりのポイントを稼ぐことができます。

第 **3** 章

[実践編01]

まずは仕入れの
準備をしよう（1週目）

Chapter 3

STEP 01

Amazonで売る環境を整備しよう

作業時間30分

　前章でお伝えした通り、楽天市場で商品を購入する（仕入れる）前に、Amazonの出品用アカウントを取得します。その理由は、先ほども述べたように、Amazonの規約がいつ変更されるかわからないということだけでなく、そもそも自分が仕入れようとしている商品がAmazonで出品可能かどうかを調べるにはあらかじめ出品用アカウントを取得しておく必要があるからです。

　アカウントを登録する際、小口出品プランであれば無料で登録できます（大口出品プランは月額4900円＋消費税）ので、物販をやる／やらないは本書を読んでから決めるとしても、やる可能性が少しでもあるのであれば、今すぐ登録してください。

　なお、小口出品、大口出品ともに、別途販売額、カテゴリに応じて、販売手数料がかかります（147ページ参照）。

☆ 小口出品と大口出品のどちらを選べばよいのか？

　小口出品と大口出品の違いについて説明します。

　小口出品では1品あたり100円＋消費税が追加の出品手数料として徴収されます。

　このほか、「すでに登録されている商品しか出品できない」「出品

第1章

第2章

第3章

【実践編01】まずは仕入れの準備をしよう（1週目）

第4章

第5章

者独自の配送料が設定できない」「決済方法の一部が使えない」といったことが大きな違いです。

　そして最も大きな欠点は「ショッピングカート（ボックス）を取得できないこと」です（図3-1）。

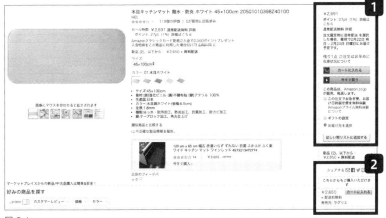

図 3-1

「ショッピングカート（ボックス）」とは、上の図の右上の**1**の箇所に表示されている「出品者」のことです。ここに表示されることを「カートを取っている状態」といいます。下の**2**の箇所が「その他の販売者」です。

　Amazonではショッピングカートを取得した販売者が圧倒的に有利です。小口出品ではショッピングカートを取得できません。もし、あなたが大量の商品を販売したいのであれば、大口出品は必須です。

　このほかの違いについてはAmazonの出品プランを選択するページに掲載されている機能比較表などを参照してください（次ページ図3-2）。

出品者用アカウントの特長	出品形態の種類	
	大口出品	小口出品
ショッピングボックスカートボックス獲得資格	あり	なし
プロモーション、ギフトサービスなど、出品関連の追加機能の利用	可	不可
フィード、在庫ファイル、レポートを使った在庫管理	可	不可
AmazonマーケットプレイスWebサービスの利用(フィードの送信、レポートの受信、その他のAPI機能)	可	不可
Amazonのカタログにはない商品の新規登録	可	不可
注文レポートと注文関連フィードを使った注文管理	可	不可
代金引換、コンビニ決済の支払い方法の提供	可	不可
お届け日時指定の利用	可	不可
出品者独自の配送料の設定(本・ミュージック・ビデオ・DVD以外)	可	不可
100円の基本成約料(取引が完了した商品1点ごと)	なし	あり
4,900円の月間登録料	あり	なし
Amazonが指定する配送料の適用	なし	あり
出品ステータスの変更を利用した一定期間の出品停止(緊急の用件、悪天候、休暇など、何らかの理由で注文商品を発送できない場合	可	可

図 3-2

☼ Amazonの出品用アカウントを登録する

01　まず、Amazonの出品用アカウントの登録ページ（https://bit.
ly/SOA-inv）にPCのWebブラウザでアクセスして、上部の「プ
ラン・費用」→「出品プラン」をクリックします（図3-3）。

図 3-3

第1章

第2章

第3章

[実践編01] まずは仕入れの準備をしよう(1週目)

第4章

第5章

02 ページの下方にある「大口出品に登録する」「小口出品に登録する」のいずれかを選択します（図3-4）。

このページに機能比較の説明があるので、参考にしてください。

今回は「小口出品に登録する」を選びます。

図 3-4

03 「小口出品に関して」という説明ページが表示されます（図3-5）。

配送条件、手数料、支払い、「出品形態による機能、条件などの違い」「小口出品の手順」が説明されています。

一通り読んでから、「今すぐ小口出品で登録する」をクリックします。

図 3-5

04 「携帯電話番号を追加する」かどう
かの確認画面が表示されます。

　ここでは番号を追加しないで、「後
で」をクリックして先に進みます（図
3-6）。もちろん、番号を追加しても問
題ありません。

図 3-6

05 「出品用アカウントの設定」画面が表示されます（図3-7）。

「正式名称/販売業者名」を入力し、「出品規約」のチェックボックスをオンにしたら、「次へ」をクリックします。

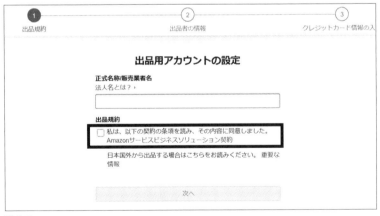

図 3-7

第1章
第2章
第3章
〔実践編01〕まずは仕入れの準備をしよう（1週目）
第4章
第5章

06「出品者情報の入力」画面が表示されます（図3-8）。

　店舗名、所在地、電話番号認証に関する情報を入力します。

「携帯電話番号」を入力したら、右下の「すぐにSMSを受信する」
をクリックします。

図 3-8

07 携帯電話のSMSに6桁の「ワンタイムPIN」が届くので、それ
を画面に入力すると「認証が正常に完了しました」と表示されます。

「私は、特定商取引法で定
める販売業者に該当します。」
のラジオボタンは「はい」の
ままにして、「運営責任者名:」
を入力し、「次へ」をクリッ
クします（図3-9）。

図 3-9

08 「クレジットカード情報の入力」画面が表示されます（図3-10）。

クレジットカードの情報を
入力して、住所のラジオボタ
ンをオンにしたら「次へ」を
クリックします。

登録したクレジットカード
は、出品の際にかかる費用の
精算に使用されます。物販を
開始して売り上げがあがるよ
うになると、売り上げ金で費
用を精算できるようになりま
す。

図 3-10

第1章

第2章

第3章

[実践編01] まずは仕入れの準備をしよう（1週目）

第4章

第5章

09 2段階認証の設定画面が表示されるので、「2段階認証を設定する」をクリックします（図3-11）。

図 3-11

10 再びログイン画面が表示されるので、ログインします（図3-12）。

図 3-12

11 「2段階認証の登録（ステップ1/2）」の画面が表示されます。

ここでは携帯電話の番号を登録して「続行」をクリックします（次ページ図3-13）。

図 3-13

12 携帯電話にテキストメッセージで確認コードが届くので、これを「確認コードを入力」のテキストボックスに入力して、「続行」をクリックします（図3-14）。

図 3-14

第1章

第2章

第3章

[実践編01] まずは仕入れの準備をしよう（1週目）

第4章

第5章

13 「もうすぐ完了です（ステップ2/2）」の画面が表示されます（図3-15）。

　説明を一通り読んだら、画面下方にある「わかりました。2段階認証を有効にする」をクリックします。

　これで完了です。セラーセントラルの画面が表示されます。

amazon seller central

ステップ 2/2

もうすぐ完了です。

以下の 2 つの点について注意してください:

1. 古い端末でのサインイン方法

一部の端末ではセキュリティコードの入力画面が表示されません。この場合、以下の方法でサインインしてください。

1. パスワードを使用してサインインします。エラー メッセージが表示されます。

2. ワンタイムパスワードが、お使いのスマートフォンに送信されます。認証アプリを使用することもできます。

3. パスワードの末尾にワンタイムパスワードを追加し、再度「サインイン」をクリックします。

その後、Amazon アカウントにサインインします。

2. サインイン時にワンタイムパスワードのチャレンジを抑制する

以降のワンタイムパスワードの入力を省略するには、「このブラウザーではワンタイムパスワードを必要としない」を選択してください。ワンタイムパスワードを抑制する Cookie が存在している間は、ブラウザーまたはアプリケーションからサインインにするのに必要とされるのはパスワードだけです。(注: このオプションは、使用するブラウザーごとに有効になります。)

□ このブラウザーではワンタイムパス　**クリック**　ない

わかりました。2 段階認証を有効にする

図 3-15

14 セラーセントラルの画面は
次の項目で設定するので、
ひとまずそのままにしてお
いてください。

　次にスマートフォンの操作に
移ります。

　Androidでは「Google play」
で、iPhoneでは「App store」
で「Amazon Seller」で検索し
て、アプリをダウンロードしま
す（図3-16）。

　まずはAmazonのIDでログ
インしてください。セラーアプ
リの機能や使い方については次
の章で解説します。

図 3-16

✿ セラーセントラル画面の設定について

　出品用アカウントを取得したついでに、Amazon Seller Central
（以下セラーセントラル：出品用アカウントの管理画面）を便利に使っ
たり、安全に運用するための設定について見ておきましょう。

01 PCのWebブラウザでセラーセントラルの画面（https://bit.
ly/sellercentral-top）にログインします。

02 右端の「設定」→「出品用アカウント情報」をクリックします（次
ページ図3-17）。

　すると、次ページの図3-18の画面が表示されます。

図 3-17

図 3-18

第1章

第2章

第3章

[実践編01] まずは仕入れの準備をしよう（1週目）

第4章

第5章

03 設定内容は、以下の通りです。

〈支払情報〉

・銀行口座情報

　売り上げ金の精算口座を設定します。すでに登録した口座を変更するときはここで変更します。

・クレジットカード（Amazon出品サービス）

　登録したカードを変更するときはここで変更します。クレジットカードはAmazonの利用料金の精算に使いますが、売り上げ金で

精算をすることもできます。個人的には売り上げ金での精算をおすすめします。

・請求書払いの入金タイミングの設定

「Amazon Business」をオンにした場合、必要になります。

〇支払い方法の設定（コンビニ払い／代金引換）（※大口出品者のみ）

　ここで「コンビニ払い／代金引換」を受け入れるかについて設定できますが、経験上は特別な場合がない限り「無効」にすることをおすすめします。確かに、受け入れることで販売機会は増えるのですが、競合セラーから「嫌がらせ購入」をされることがあります。

〈出品者情報〉

・会社住所

・許認可情報

　商品によっては、資格や許認可が必要なものがあります。一般的なものは「古物商許可証番号」です。業者間での新品の購買の場合には必要ありませんが、個人間での売買で新品を扱う場合には必要になります。取得したら、ここに入力しておきます。

・正式名称／販売業者名

　個人、法人ともに通常は変更しないでください（所在地変更、商号変更をした場合を除く）。

〇表示名

　ここで店舗名を変更することができます（次ページ図3-19）。また、カスタマーサービスの表示にも影響するので、正しく設定してください。電話番号もここに記載したものが表示されます。

図 3-19

第1章

第2章

第3章

[実践編01] まずは仕入れの準備をしよう（1週目）

第4章

第5章

〈配送・返品情報〉

・返送先住所

通常は必要ありません。

・配送設定

出品者発送出品の場合は必要ですが、ここでは割愛します。

○お届け日時設定（※大口出品者のみ）

お客さまが「お届け日時指定」をできるようになります。

FBAを利用する場合は特に影響はないので、有効にしておきましょう。

〈納税情報〉

・VAT情報

海外事業者以外は関係ありません。

・消費税の設定

課税売り上げが1000万円を超えたら、翌々年の事業年度から消費税の納税義務者になります。そのときは「はい、日本で消費税の納税義務があります。」にチェックを入れてください。それ以外は「いいえ、日本で消費税の納税義務はありません。」のままで大丈夫です。

〈アカウントの管理〉

・通知設定

　出品者発送の注文が入った通知などを送る設定です。特に意識する必要はありませんが、もし通知が多すぎるようでしたら、調整してみてください。

・ユーザー権限

　アルバイトや外注を雇うなどして複数人でセラーセントラルを使う場合はここで設定します。

・出品者ロゴ

　通常は出品者情報が入っていますが、カスタマイズしたい場合は、ここで行います。

　ネット通販は、特定商取引法上のルールがあるので、遵守している範囲内でカスタマイズできます。可能であれば「店舗のロゴ」を設定しておきましょう。それ以外は、理解できていない状態で設定するのは危険です。ひとまず、始めたばかりの頃はしばらく「そのままにしておく」ことを強くおすすめします。

第1章

第2章

第3章

[実践編01] まずは仕入れの準備をしよう（1週目）

第4章

第5章

04 もう一度、右端の「設定」をクリックしてから、一番下の「FBA
の設定」をクリックします（図3-20）。

図 3-20

　すると「フルフィルメント by Amazon の設定」画面が表示され
ます（次ページ図3-21）。

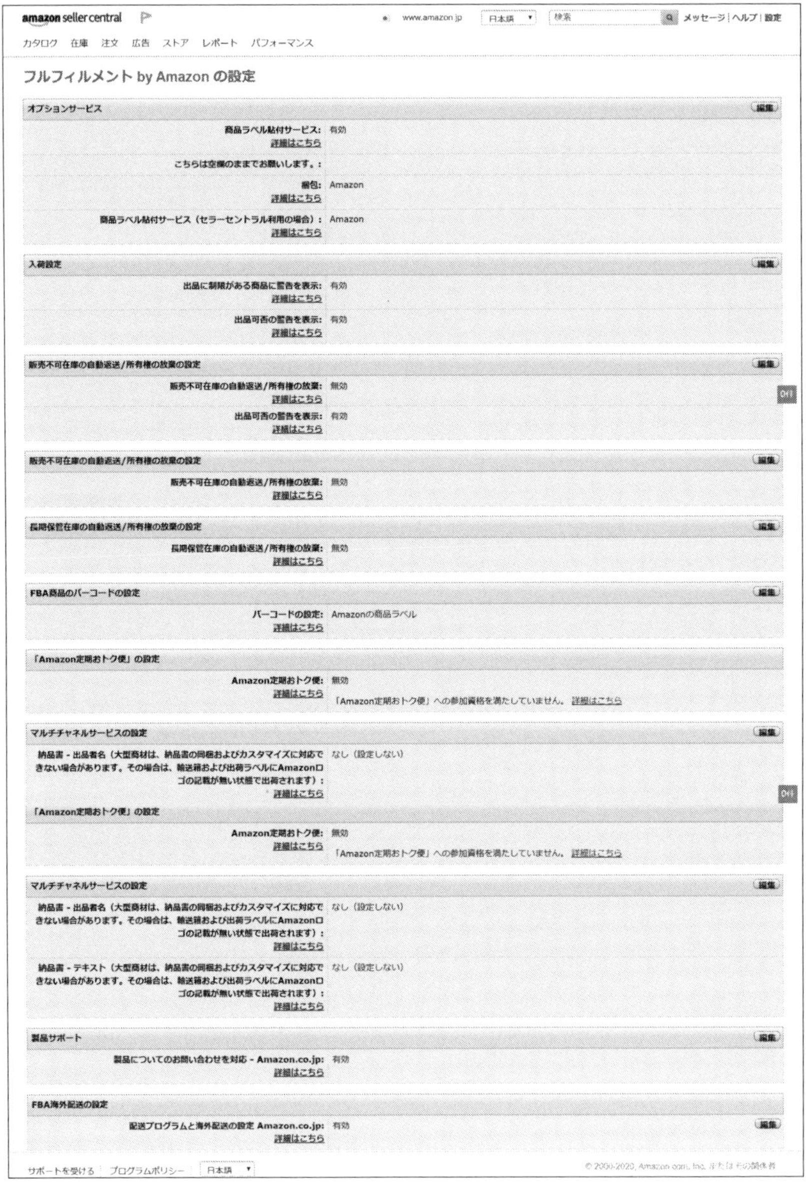

フルフィルメント by Amazon の設定

オプションサービス　　　　　　　　　　　　　　　　　　　　　　　　　　　編集

商品ラベル貼付サービス: 有効
詳細はこちら

こちらは空欄のままでお願いします。:

梱包: Amazon
詳細はこちら

商品ラベル貼付サービス（セラーセントラル利用の場合）: Amazon
詳細はこちら

入荷設定　　　　　　　　　　　　　　　　　　　　　　　　　　　　　　　　編集

出品に制限がある商品に警告を表示: 有効
詳細はこちら

出品可否の警告を表示: 有効
詳細はこちら

販売不可在庫の自動返送/所有権の放棄の設定　　　　　　　　　　　　　　　編集

販売不可在庫の自動返送/所有権の放棄: 無効
詳細はこちら

出品可否の警告を表示: 有効
詳細はこちら

販売不可在庫の自動返送/所有権の放棄の設定　　　　　　　　　　　　　　　編集

販売不可在庫の自動返送/所有権の放棄: 無効
詳細はこちら

長期保管在庫の自動返送/所有権の放棄の設定　　　　　　　　　　　　　　　編集

長期保管在庫の自動返送/所有権の放棄: 無効
詳細はこちら

FBA商品のバーコードの設定　　　　　　　　　　　　　　　　　　　　　　編集

バーコードの設定: Amazonの商品ラベル
詳細はこちら

「Amazon定期おトク便」の設定　　　　　　　　　　　　　　　　　　　　編集

Amazon定期おトク便: 無効
詳細はこちら　　「Amazon定期おトク便」への参加資格を満たしていません。詳細はこちら

マルチチャネルサービスの設定　　　　　　　　　　　　　　　　　　　　　編集

納品書 - 出品者名（大型商材は、納品書の同梱およびカスタマイズに対応で
きない場合があります。その場合は、輸送箱および出荷ラベルにAmazonロ
ゴの記載が無い状態で出荷されます）: なし（設定しない）
詳細はこちら

「Amazon定期おトク便」の設定

Amazon定期おトク便: 無効
詳細はこちら　　「Amazon定期おトク便」への参加資格を満たしていません。詳細はこちら

マルチチャネルサービスの設定　　　　　　　　　　　　　　　　　　　　　編集

納品書 - 出品者名（大型商材は、納品書の同梱およびカスタマイズに対応で
きない場合があります。その場合は、輸送箱および出荷ラベルにAmazonロ
ゴの記載が無い状態で出荷されます）: なし（設定しない）
詳細はこちら

納品書 - テキスト（大型商材は、納品書の同梱およびカスタマイズに対応で
きない場合があります。その場合は、輸送箱および出荷ラベルにAmazonロ
ゴの記載が無い状態で出荷されます）: なし（設定しない）
詳細はこちら

製品サポート　　　　　　　　　　　　　　　　　　　　　　　　　　　　　編集

製品についてのお問い合わせを対応 – Amazon.co.jp: 有効
詳細はこちら

FBA海外配送の設定　　　　　　　　　　　　　　　　　　　　　　　　　　編集

配送プログラムと海外配送の設定 Amazon.co.jp: 有効
詳細はこちら

図 3-21

第1章

第2章

第3章

[実践編01] まずは仕入れの準備をしよう（1週目）

第4章

第5章

05 設定内容は、以下の通りです。

〈オプションサービス〉

　右端の「編集」をクリックすると「オプションサービス」の画面が表示されます（図3-22）。

　Amazonで商品ラベルを貼ってもらったり、梱包をしてもらえるサービスです。このあとの納品時に使う場合があります。便利なので「有効」にしておきましょう。

　基本的に、初期設定通りのはずです。

・商品ラベル貼付サービス　→　有効

・梱包　→　Amazon

・商品ラベル貼付サービス（セラーセントラル利用の場合）
　→　Amazon

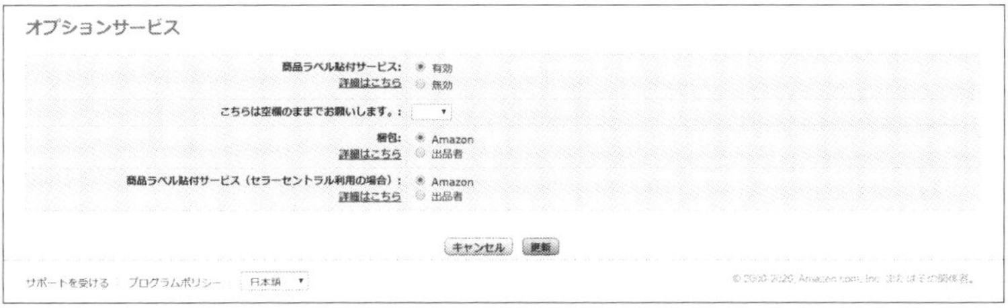

図 3-22

〈入荷設定〉

　出品できない商品を納品しようとしたときに警告してくれるサービスです。これを有効にしておかないと、出品できない商品を倉庫に送っても受け入れられず返送作業が必要になるので、必ず「有効」にしておきます。

　基本的に、初期設定の通りです。

・出品に制限がある商品に警告を表示　→　有効

・出品可否の警告を表示　→　有効

〈販売不可在庫の自動返送／所有権の放棄の設定〉
・ここを有効にしておくと「返送／破棄」がスケジューリングされ
ます。返送を忘れていても自動的に返送されますから、週に1回の
設定にしておくといいかと思います。（在庫のままだと保管料がか
かりつづけます）。
・所有権の破棄にすると「Amazonが処分」してくれますが、高
価なものだと泣くに泣けないので、設定しないほうがよいでしょう。

〈長期保管在庫の自動返送／所有権の放棄の設定〉
　365日以上保管されていたものに対して、毎月15日に判定された
在庫の扱い方の設定です。ここは、この本で紹介するやり方を守れ
ば、ほとんどこの状態にならないでしょうから、「無効」のままで
もいいでしょう。

〈FBA商品のバーコードの設定〉
　右端の「編集」をクリックすると「FBA商品のバーコードの設定」
の画面が表示されます（図3-23）。ここで「Amazonの商品ラベル」
に設定しておいてください。

図 3-23

〈「Amazon定期おトク便」の設定〉
　通常は「無効」にしておきます。

第1章

第2章

第3章

［実践編01］まずは仕入れの準備をしよう（1週目）

第4章

第5章

〈マルチチャネルサービスの設定〉

ほかのECサイトで販売する場合には強い味方になります。とはいえ、本書をお読みの方の大半は使わないと思うので、「空欄」（設定しない）のままで大丈夫です。

〈製品サポート〉

「製品についてのお問い合わせを対応 - Amazon.co.jp」は「有効」にしておきます。これにより、24時間365日、Amazonがカスタマーサポートをしてくれます。

右端の「編集」をクリックして、表示された「製品サポート」の画面で「有効」に設定します（図3-24）。

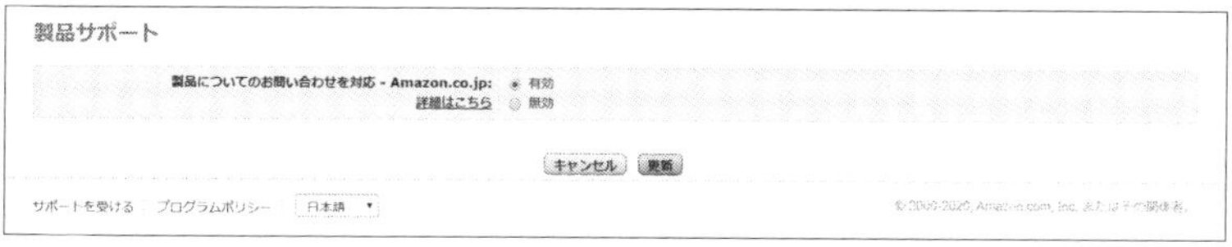

製品サポート

製品についてのお問い合わせを対応 - Amazon.co.jp: 有効
詳細はこちら　　無効

キャンセル　変更

サポートを受ける　プログラムポリシー　日本語

図 3-24

〈FBA海外発送の設定〉

「配送プログラムと海外発送の設定 - Amazon.co.jp」は「有効」にしておきます。

✦ Web版セラーセントラルの機能をざっくり説明

実は、セラーセントラルの使い方を全部解説すると、それだけで1冊の本になってしまうぐらいの分量があります。ですので、ここではWeb版セラーセントラルの各メニューに用意された機能をごく簡単に説明しておきます（次ページ図3-25）。

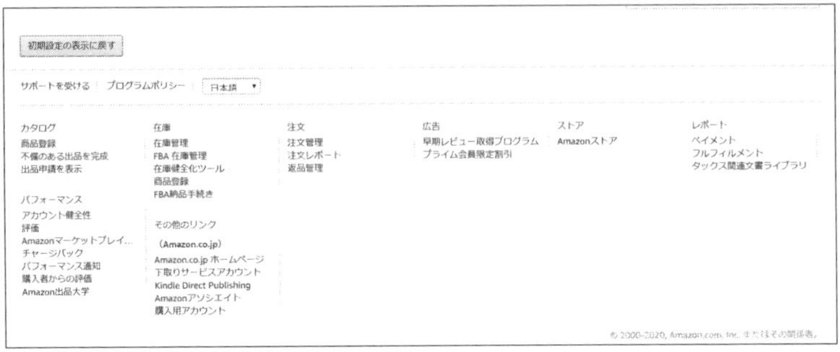

図 3-25　セラーセントラルのトップ画面の下方にあるメニュー一覧

「カタログ」メニュー

・商品登録

　商品を出品するのはここからです。通常はスマホのセラーセントラルアプリで出品するので使うことはほとんどないと思いますが、ここからでも出品できることを覚えておくとよいでしょう。

・不備のある出品を完成

　ほとんどの方が使わないでしょう。

・出品申請を表示

　出品申請の結果がここで表示されます。

　アカウントを作ったばかりだと「出品できないブランド」が多く存在します。慣れてきたら、出品したい商品に対して「出品申請」をします。申請には、仕入れの際に受け取った請求書などが必要になります。ここでは割愛しますが、売り上げをしっかりあげていくには、自分のアカウントで多くの商品を出品できるようにしていくことが大事です。自分の扱いたいブランドについては「出品申請」しておくことは1つの手です。私のアカウントは数多くの出品申請をこなして許可を持っているので、アドバイスが必要なら、私のコミュニティに参加されることをおすすめします。

「在庫」メニュー

・在庫管理

　自分が出品した商品の一覧を見ることができます。

・FBA在庫管理

　私は使っていません。在庫管理の画面だけで十分だと思っているからです。

・FBA納品手続き

　納品の項目（166ページ以降）で詳しく説明しますが、「納品プラン」を作成すると、ここに表示されます。配送の状況や納品が中断された場合には、ここで確認することになります。

「価格」メニュー（※大口出品者のみ）

・価格の自動設定などがありますので、利用してみてもいいでしょう。ただ、私はここでの価格設定ではなく、外部ツールを利用しています。費用はかかりますが、外部ツールのほうが優れているからです。

「注文」メニュー

・注文管理

　出品者発送出品、FBA出品ともにここの画面で注文の状態を確認できます。しかし、FBA出品の場合には、あまり見る必要はありません。なぜなら、Amazonによって自動的に処理されるからです。

「レポート」メニュー

・ペイメント

　ここの「一覧表示」は出品の次によく使うページです。青いリンク付きの数字をクリックすると、該当の数字が確認できます。

・フルフィルメント

　FBAを使った場合、ここで在庫の状況がわかるようになっています。入庫されて、お客さまに発送されるまでを注文番号や、Amazon固有の商品コード（ASIN）などで追跡できます。何かトラブルがあったときには、ここを確認します。

「パフォーマンス」メニュー

・評価

　自分のセラーとしての評価です。☆4〜5つが優良セラーの指標といわれています。☆4以上を維持できるように丁寧な顧客対応に努めましょう。

　以上で、Amazonの出品用アカウントの登録と設定は終了です。

　次は楽天市場で、ポイントを貯めるための環境を整備します。

第1章

第2章

第3章

［実践編01］まずは仕入れの準備をしよう（1週目）

第4章

第5章

STEP 02

ポイントが貯まる環境を整備しよう

作業時間90分 ⏰

☼ ポイントを貯めるために、まずは会員登録

　ネットショップの買い物でポイントを貯めるためには会員登録をしておく必要があります。これはリアル店舗でも同じなのですが、ショップによって貯まるポイントが違うので、どのショップに登録するかが重要です。

　もちろん、本書では楽天市場を前提に話を進めます。

　楽天市場には誰でも無料で簡単に登録できます。

　すでに登録をしているという方は、この部分を飛ばして先にお進みください。

01　楽天市場（https://www.rakuten.co.jp/）にアクセスします。

02　右上の「楽天会員登録（無料）」をクリックします（図3-26）。

図 3-26

03 **1**「メールアドレス」**2**「ユーザID（「メールアドレスをユーザIDとして使用」を選択）。**3**「パスワード」と「氏名」「氏名（フリガナ）」を入力します（図3-27）。

図 3-27

04 楽天の規約を確認し、「同意して次へ」をクリックします。

05 内容を確認したら、「送信」ボタンをクリックします。

　たったこれだけの作業で完了です。

　登録したメールアドレスに「確認メール」が届くので、内容が正しいかを確認しておいてください。

✵ 楽天ポイントカードを入手する

　楽天ポイントを貯めたり使うにあたり、持っていると便利なのが、ネットショップだけでなく多くのリアル店舗でも使える「楽天ポイ

第1章

第2章

第3章
[実践編01] まずは仕入れの準備をしよう（1週目）

第4章

第5章

ントカード」です（図3-28）。楽天ポイントが貯まるお店で配布されています。「楽天のポイントカードをください」というだけでももらえます。もちろん、無料です。マクドナルド、ファミリーマート、不二家、出光などでもらえます（図3-29）。

〈図3-28　ポイントカードの例〉

〈図3-29　提携ポイントカードの一例〉

✧ 楽天ポイントカードと楽天会員のヒモづけ

　楽天のポイントカードを楽天市場の会員情報と連携させます。それには、楽天ポイントカードの利用登録を行う必要があります。1つのアカウントに複数のカードを登録することができます。

01　楽天ポイントカード（https://pointcard.rakuten.co.jp/）にアクセスします。

02　「楽天ポイントカード利用登録」をクリックします（次ページ図3-30）。

図 3-30

03 「楽天ログイン画面」が表示されたら、IDとパスワードを入力してログインします。

04 「楽天ポイントカード番号」「セキュリティコード」は、楽天ポイントカードの裏面に記載されたものを入力します（図3-31）。

05 入力を終えたら一番下の「入力内容を確認する」をクリックします。

図 3-31

　これで楽天ポイントカードと楽天会員のヒモづけが完了して、楽天市場で貯めたポイントがリアル店舗での支払いに使えるようにな

第1章

第2章

第3章

〔実践編01〕まずは仕入れの準備をしよう（1週目）

第4章

第5章

りました。リアル店舗の買い物でも楽天ポイントを貯めたり、使うことができます。

☆〈応用編〉ポイントサイトの登録

　ここからは応用編なので、面倒であれば飛ばしていただいてもかまいません。

　しかし、ポイントサイトをいったん経由してから楽天市場で買い物をしたり、クレジットカードの作成、証券会社の口座を開設することで、ポイントが貯まります。また、そのポイントは現金化できるのでとてもお得です。ポイントサイトを利用して、10万〜30万円の現金を手にした人もたくさんいるのでおすすめします。

　ご興味のある方は、「ハピタス」というポイントサイトに登録をしてみてください（図3-32）。

図 3-32

　ハピタスで付与されるポイントは、1ポイント＝1円の価値があります。ハピタスを経由して、楽天市場で買い物をしたり、楽天カードを作成することで、多くのポイントが貯まります。たとえば、楽天カー

ドの作成、楽天銀行と楽天証券の口座開設をハピタスを経由して行うことで、6500ポイント（6500円相当）を獲得することができます。

〈ハピタスを経由することで貯まるポイント〉
・楽天市場で買い物　→　商品購入額の1パーセント
・楽天ブックスで買い物　→　商品購入額の1パーセント
・楽天カードを作成　→　5000ポイント
・楽天銀行の口座開設　→　600ポイント
・楽天証券の口座開設　→　900ポイント

※ハピタスの登録はここからできます→

✧ 楽天市場に関連するアプリをダウンロードする

スマートフォンで楽天関連のアプリをダウンロードします。
Androidでは「Google play」で、iPhoneでは「App store」で、次の3つのアプリをダウンロードします。

・楽天市場
・楽天ポイント
・楽天ペイ

それぞれ、楽天IDでログインしてみてください。
なお、これらのアプリなどは、楽天ポイントカードの代わりになるので、リアル店舗での買い物ではアプリを提示してもいいでしょう。
以上で、〈STEP02〉の作業は終わりです。

第1章

第2章

第3章

［実践編01］まずは仕入れの準備をしよう（1週目）

第4章

第5章

STEP 03 購入判断の環境を整備しよう

作業時間30分

☆ 出品されている商品の販売価格を教えてくれるツール

　もしあなたが物販を始めたとして、Amazonに出品されているある商品がいつもより安いのか高いのか、あるいはその商品が過去にいくらで売られていたかを知ることができたら、とても有利になると思いませんか？

　ここでは、それを実現する方法をお教えします。PCのWebブラウザ（Google Chrome）にインストールすることで、商品の販売価格をリサーチするツール（機能拡張）を紹介します。

Keepa - Amazon Price Tracker（キーパ）

　Amazon物販の世界では非常に有名なツールです。このツールは「価格履歴グラフ」を表示してくれたり、「製品の価格をトラッキング」をすることできます。

モノサーチ

　ネットショッピング、せどり、転売で使える商品の価格検索ツールです。「一番安くて、在庫のあるお店を検索」したり、「アマゾン手数料を自動計算」したりします。

ショッピングリサーチャー

　Amazon上で他社サイトの比較価格推移を確認したり、Yahoo!
ショッピング、ヤフオク、楽天市場にダイレクトに遷移することが
可能です。価格の推移や、JANコード（バーコード）をAmazon
の画面上から確認できます。他社価格の情報などもAmazon上で
見られます。

Amz superman seller tool

　Amazonではランキングがページの一番下のあたりに表示され
ますが、それを見るにはページをいちいち下までスクロールしなけ
ればならないので面倒です。できれば、画面の一番上のほうにラン
キングが表示されるとうれしいですね。この拡張機能をインストー
ルすると、それが実現できます。

DELTA tracer

　モノレートという便利なツールがありましたが、2020年6月
30日でサイトが閉鎖されました。代替ではないですが、同様に
Amazonでの過去価格や販売個数などが時系列で確認できます。

☆ 上記のツールのインストール方法

　これらのツールは、Google ChromeというPC上のWebブラウ
ザにインストールして使います。もし、Chromeをお持ちでない
方はダウンロードしておいてください。

01　Google Chromeを起動して「chrome ウェブストア」
　　　（https://bit.ly/Chrome-extensions）にアクセスします（次
　　　ページ図3-33）。

図 3-33

第1章
第2章
第3章
[実践編01] まずは仕入れの準備をしよう（1週目）
第4章
第5章

02 左上の「ストアを検索」に以下の「ツール名」を入力します（図 3-34）。

もし、検索結果に表示されないときはGoogleで検索しましょう。

Keepa - Amazon Price Tracker
モノサーチ
ショッピングリサーチャー
Amz superman seller tool
DELTA tracer

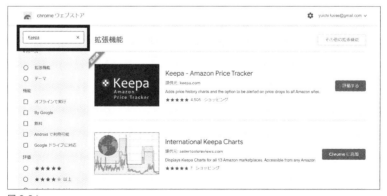

図 3-34

03 画面上部の「インストール」をクリックします。

04 それぞれのツールに対して02〜03の作業を繰り返して、インストールします。

05 Google Chromeを再起動します。

これで、インストールは完了です。

☼ 通常の画面とツールをインストールした画面の比較

　通常の画面は図3-35の通りですが、これらのツールをインストールすると、次ページの図3-36〜38のような画面が表示されます。これらが「価格推移」や「出品者数推移」です。また、ほかのサイトや関連情報の詳細画面に推移するボタンも出現します。

図 3-35　通常の画面

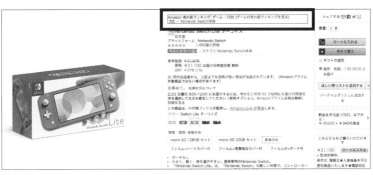

図 3-36

図 3-37

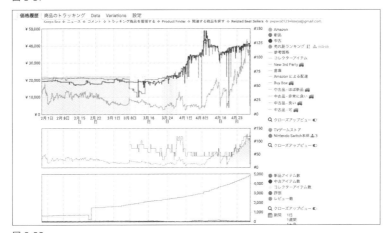

図 3-38

第1章
第2章
第3章
[実践編01] まずは仕入れの準備をしよう（1週目）
第4章
第5章

それぞれ、画面の上から順に解説します。

☆ 一番上に「Amazonの売れ筋ランキング」

　売れているものを選ぶには、この順位がカギを握ります。ひと目
で順位を確認することができるようになります（図3-39、3-40）。

図 3-39

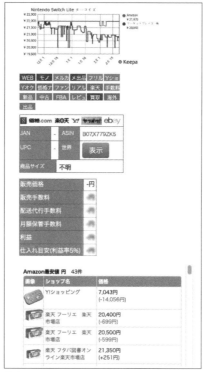

図 3-40

第1章
第2章
第3章
［実践編01］まずは仕入れの準備をしよう（1週目）
第4章
第5章

☆ 画面下部「Keepa」の表示

　Keepaは、Amazonの価格、新品・中古の最低価格、売れ筋ランキング、出品者数などのデータを一定期間で取得してデータベース化しています（図3-41）。

　Amazonでの販売価格は、オレンジ色、新品の最低価格が青色で、売れ筋ランキングが黄緑色で表示されます（本書ではわかりづらいので、実際の画面でご確認ください）。Amazonでは商品が売れると、売れ筋ランキングの順位が上がる仕組みになっています（グラフ表記上ではランキング上位はグラフの下に向かいます）。

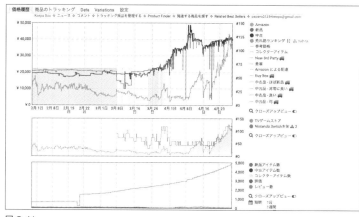

図 3-41

　ですから、黄緑色の線がグラフの下に向かった（紙面ではモノクロのため区別がつきませんが）のところが「少なくとも1個は」売れたタイミングです。たくさん売れる商品（このグラフはゲームの売れ筋15位なので、当然該当します）であれば、一定期間で取得したデータでは捕捉できないため、売れた個数は参考程度にしますが、売れていれば「グラフの線がギザギザになる」と覚えておいて

ください。

　Keepaは以前は無料ツールでしたが、売れ筋ランキングなどの情報は有料となってしまいました。この順位の推移は大変重要な情報となるので、有料版を購入して見られる状態にしておくことをおすすめします。

　なお、売れた個数については数字で教えてくれるツールもあるのですが、今は入手方法が少し特殊なため、この本では割愛させていただきます。ご興味のある方は、本書特設LINE（127ページ）にお問い合わせください。

☼ 準備が完了したら、Amazonは丸裸!?

　これで無事、購入判断をするための準備は整いました。

　Amazonに表示される情報がこれだけはっきりわかれば、仕入れだけでなく、普段の買い物でも、今が買いどきなのかどうかを判断する際にも使えますよね。

　まさにAmazonを丸裸にするツールといっても過言ではありません。

　次の項目からは、いよいよ楽天市場での購入を徹底的にお得にする方法を解説します。

第**1**章

第**2**章

第**3**章

［実践編01］まずは仕入れの準備をしよう（1週目）

第**4**章

第**5**章

STEP 04 楽天市場でダイヤモンド会員になろう

作業時間90分

　楽天市場でお得に買い物をする方法は、大きく分けて2つの要素で構成されています。〈STEP04〉と〈STEP05〉で詳細をお伝えします。

　まず〈STEP04〉では「楽天の会員ランク」について、続く〈STEP05〉では「楽天SPU」について解説します。この2つが購入（仕入れ）についての最大のヤマ場なので、しっかりと理解してください。

⚙ 会員ランクの種類について

　楽天では、買い物の頻度などに応じて会員ランクが設定されます。最初は「レギュラー」からスタートし、「シルバー」「ゴールド」「プラチナ」そして、一番上位が「ダイヤモンド」になります。

　ランクについては図3-42をご確認ください

レギュラーランク	ポイント対象の楽天サービスご利用で、ポイントを獲得
Ⓢ シルバーランク	過去6ヶ月で200ポイント以上、かつ2回以上ポイントを獲得
Ⓖ ゴールドランク	過去6ヶ月で700ポイント以上、かつ7回以上ポイントを獲得
Ⓟ プラチナランク	過去6ヶ月で2,000ポイント以上、かつ15回以上ポイントを獲得
Ⓓ ダイヤモンドランク	過去6ヶ月で4,000ポイント以上、かつ30回以上ポイントを獲得、かつ楽天カードを保有

図 3-42

たとえば、その月に1000ポイントを獲得し、ポイント獲得回数が8回に達していれば、翌月2日から「ゴールド」ランクに昇格します（毎月1日は集計日）。

☆ なぜ会員ランクを上げたほうがよいのか？

　ランクの仕組みはご理解いただけたと思います。

　それでは「なぜ会員ランクを上げたほうがいいのか？」について説明します。

　会員ランクは、次の〈STEP05〉で説明する楽天SPUが関係してくるのです。

　楽天SPUでは、会員ランクに応じて得られる月間のポイント上限値が決まっているものがあり、それらを取りこぼさないために会員ランクを上げておく必要があるのです。

　たとえば、レギュラー会員の場合、上限が5000ポイントですが、最上位のダイヤモンド会員では1万5000ポイントまで獲得できます。同じ金額の買い物をしても、ランクが違うだけで、なんと最大で3倍もの差がついてしまうのです。

　ですから、「せっかく会員になったのだから、ダイヤモンドランクを目指しましょう！」ということなのです。

　ただし、ダイヤモンドランクにするには、4000ポイントでかつ30回のポイント獲得、さらに楽天カードを所持しなければなりません。「途方もなく遠い道のりだなあ」と思った方も多いのではないでしょうか？

　皆さんの心の声が聞こえてきそうです。

「4000ポイントの獲得って……100円で1ポイントだから……。

　えっ！　40万円も買い物をしなければいけないのか！　そんなの無理……」

第**1**章

第**2**章

第**3**章

［実践編01］まずは仕入れの準備をしよう（1週目）

第**4**章

第**5**章

「30回も楽天で買い物するのか！　いったい何カ月かかるんだよ」
「楽天カード？　どうせクレジットカードを作るのにお金がかかるん
　でしょ？」

　そんなあなたに朗報です。実は、ランクアップはそれほど大変で
はありません。

　楽天市場の説明を見ると「会員ランクは、前月末日からさかのぼっ
て6カ月間のポイントの獲得数と獲得回数で決定します」となって
います。しかし、ここで紹介する方法を実践していただければ、たっ
た数千円程度の買い物で、最短で1週間、長くても2週間程度で最
高位のダイヤモンド会員になることができます。

✦ 裏ワザ級！　数千円、最短1週間でダイヤモンド ランクになる方法

　ここから解説する方法は、楽天市場でのランクアップルールにのっ
とった「正当な方法」ですから、ランクが取り消されたり、アカウ
ントが凍結されるということはありません。ご安心ください。

　ただし、本書でこの方法を公開したことにより、多くの方が実践
することになると、もしかしたらルール変更ということもあるかも
しれません。ですので、お早めに取り組んでみてください。

　ダイヤモンドランク（ダイヤモンド会員）になるための条件をも
う1度整理してみましょう。

01　4000ポイントを獲得する
02　30回のポイント獲得をする
03　楽天カードを持っている

✨ 01 4000ポイントをどう獲得したらよいのか？

1つ目の条件「4000ポイントを獲得する」をクリアするには、「楽天スーパーDEAL」を利用します。

楽天スーパーDEALとは、簡単にいえば「商品を買うと20〜50パーセントのポイントが得られる」会員限定のサービスです。特設コーナーが用意されています。

ここで販売されている商品は食品、衣服、日用雑貨、家電など幅広く、価格帯もさまざまですが、どれもポイントの還元率が通常よりも高く設定されています。

そこで4000ポイントを得るためには、なるべく還元率が40〜50パーセントの商品を購入することです。たとえば、8000円以上で50パーセント還元の商品を1つ買えば、それだけで4000ポイント以上を獲得でき、条件をクリアできます。おまけに、獲得したポイントは楽天市場内では現金と同じように使えますから、半値で買ったのと同じことになります。

もちろん、これまでの買い物で貯まっているポイントがあれば、それとの合算になるため、もっと安い商品を購入すればOKです。たとえば、すでに1000ポイント貯まっていたら、6000円以上で還元率50パーセントの商品を買うといったことです。

✨ 02 ポイント獲得回数を短期間で30回にする方法

さて、2つ目の条件「30回のポイント獲得をする」ですが、ここで役に立つのが、〈STEP02〉の最初のほうで紹介した「楽天ポイントカード」です。

楽天ポイントカードを使って買い物をするたびに、ポイントを獲得することになります。実は、「30回のポイント獲得」は楽天市場

第1章

第2章

第3章

【実践編01】まずは仕入れの準備をしよう（1週目）

第4章

第5章

での買い物に限定されていません。単に、ポイントを獲得すればいいのです。ですから、普段のリアル店舗の買い物に楽天ポイントカードを使えばいいのです。

　あなたが以下の条件に当てはまるなら、ポイント獲得回数を簡単に増やせます。

・通勤中にコンビニで買い物する習慣がある
・ファストフード店をよく利用する

　ここで気をつけたいのが、「いくら使えばポイントが貯まるか」です。
　1ポイントが貯まる基準が「税抜200円」「税込200円」「税抜100円」「税込100円」と4つあります（このほかにも特殊な基準が存在しますが、割愛します）。
　楽天ポイントが貯まるお店と基準の一部を以下にまとめてみました。

〈1ポイント貯めるのに必要な額とお店〉
税抜200円のお店……くら寿司、プロント、丸善、ジュンク堂など
税込200円のお店……すき家、はま寿司、ビッグボーイ、ファミリーマートなど
税抜100円のお店……デイリーヤマザキ、ポプラ、生活彩家、リンガーハット、幸楽苑、不二家、築地銀だこなど
税込100円のお店……マクドナルド、ミスタードーナツ、ペッパーランチなど

　楽天ポイントが使えるお店は、スマホの「楽天ポイントカード」アプリで現在地から調べることができます。自分の行動範囲でポイントが貯まるお店を探してみてください。

もちろん、私がおすすめするのは100円で貯まるお店です。

たとえば、自宅や勤め先の近所にデイリーヤマザキやポプラなどがあれば、1日3〜4回通ったら、あっという間に30回です。さらに、店員さんにお願いして、会計を3回に分けてもらえば、1回の買い物で3回分のポイント獲得となります。

極端な話、コンビニで1日3回買い物をして、その都度3回に分けて会計をしてもらえば、1日に9回のポイント獲得となり、4日程度で30回を突破します。

また、買うものがPB（プライベートブランド）のお菓子（100円程度）であれば、使うお金は3300円強で済みます。

もちろん、ポイント獲得回数も過去半年間の累積なので、それまでに何回か獲得していればもっと早く30回に到達します。

☆ 03 楽天カードを作成する

楽天市場で商品を仕入れ、できるだけ多くのポイントを獲得するにあたって、楽天カードは必須アイテムです。楽天カードについては次の「STEP05」で解説します。

第1章

第2章

第3章

［実践編01］まずは仕入れの準備をしよう（1週目）

第4章

第5章

STEP 05

楽天SPUを
最大化しよう

作業時間90分

　楽天SPU（以下SPU）についてきちんと解説するとなると、それだけで1冊の本が出来上がってしまうくらい膨大な情報があります。また、SPUは頻繁にルールを変更しているので、最低限知っておきたい基礎知識のみ簡潔にご紹介します。ここでは、PC上のWebブラウザでの作業を解説します。

☆ 楽天SPUの全体像を把握しよう

「SPU」とは「スーパーポイントアッププログラム」の略で、楽天市場での買い物に付与されるポイントが最大16倍になるプログラムです。

　ポイントを最大限に獲得するには、楽天の意図（楽天がどのサービスを伸ばしていきたいのか）を理解して、それに合わせてサービスを利用したうえで買い物をすることに尽きます。

　そして、SPUの倍率をアップするためには、次の作業を行います（2020年4月現在）。

　すべてのサービスを受けるのは少々難しいものもあります。なので、ここでは比較的取り組みやすく、費用対効果が高いものをあらかじめ選んでご紹介しますので、参考にしてください。

01	楽天カードの申し込み（＋2倍）
02	楽天銀行の口座を開設
03	楽天証券の口座を開設
04	楽天カード引き落とし口座を楽天銀行に変更（＋1倍）
05-01	楽天証券投資信託積立の申し込み（積立）（＋1倍）
05-02	楽天証券投資信託購入の申し込み（スポット）
06	楽天モバイルの申し込み（＋1倍）
07	楽天TVの申し込み（＋1倍）
08	楽天の保険申し込み（＋1倍）
09	楽天カードを楽天プレミアムカードに切り替える（＋2倍）

※（　）内は獲得できるポイントの倍率。

　上記01〜09を行うだけで、常に楽天会員1倍＋9倍、合計10倍のポイントが付与されるようになります。たとえば、1000円の買い物で100ポイント（100円相当）、1万円の買い物で1000ポイント（1000円相当）と、実質1割引きで買い物ができるようになるのです。

　SPUを上げる方法はほかにもいくつもありますが、最低限上記01〜09をやっておきましょう。これらは1度設定するだけだったり、1年に1度設定すれば済むものです。

　さっそくそれぞれについて見ていきましょう。

☆ 01 楽天カードの申し込み

　〈STEP04〉でもお伝えした通り、楽天カードを作成することはダイヤモンドランク会員になるために必要な条件ですが、SPU活用の基本でもあります。楽天カードを作って、それで支払うだけで＋2倍になります。

　ちなみに、楽天カードを作る際にハピタスなどのポイントサイト

を経由すると、楽天市場のポイントだけでなく、ポイントサイトのポイントも獲得することができます。興味のある方はチャレンジしてみてください（ハピタスの場合は「楽天カード」で検索）。

ポイントサイトを経由せずに作成する場合は、楽天カードのサイト（https://www.rakuten-card.co.jp/）から申し込みます。

☆ 02 楽天銀行の口座を開設する

楽天銀行に口座を開設して、楽天カードの支払い口座を設定するとポイントが＋1倍になります。月間獲得上限値は、ダイヤモンド会員で15000ポイントとなります。

楽天銀行の口座を作るときもポイントサイトを経由すると、ポイントサイトのポイントを獲得できます（ハピタスの場合は「楽天銀行」で検索）。

ポイントサイトを経由しない場合は、楽天銀行のサイト（https://www.rakuten-bank.co.jp/）にアクセスして口座開設を申し込みます（図3-43）。

図 3-43

☆ 03 楽天証券の口座を開設する

　楽天証券の口座を開設して、毎月500ポイント以上のポイント投資（投資信託の購入）をすると＋1倍になります。月間獲得上限値は5000ポイントです。

　楽天証券の口座を作るときも、ポイントサイトを経由すると、ポイントサイトのポイントを獲得できます（ハピタスの場合は「楽天証券」で検索）。

　ポイントサイトを経由しない場合は、楽天証券のサイト（https://www.rakuten-sec.co.jp/）にアクセスして口座開設の申し込みをします。

☆ 04 楽天カード引き落とし口座の変更

　楽天カードが届いたら引き落とし口座を楽天銀行の口座に変更します。これで＋1倍です。

　変更作業は「楽天e-NAVI」（https://www.rakuten-card.co.jp/e-navi/）という、楽天カードの管理画面で行います（次ページ図3-44）。

　楽天e-NAVIには楽天会員のIDとパスワードでログインできます。

　ログイン後に「お客様情報の照会・変更」の「お支払口座の照会・変更」から手続きします。

第**1**章

第**2**章

第**3**章

［実践編01］まずは仕入れの準備をしよう（1週目）

第**4**章

第**5**章

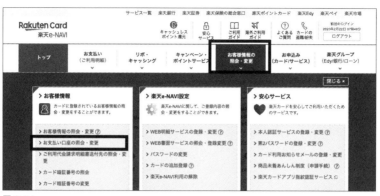

図 3-44

✨ 05-01 楽天証券で投資信託積立の申し込み（初回）

楽天証券の口座が開設できたら、投資信託積立の申し込みをします。

この作業を月の前半に行う場合は、この 05-01 の作業をするだけで大丈夫です。次に解説する 05-02 の作業をする必要はありません。

まず、楽天証券の口座にログインします。

「ポイント投資」をクリックすると、詳しい解説が表示されます（図3-45）。

図 3-45

SPUを上げるためには、まずポイントコースに「楽天スーパー
ポイントコース」を選びます（手順は同サイトの「利用設定」や「ポ
イント投資はじめてガイド」で確認します）（図3-46）。

図 3-46

　そのうえで「投資信託でポイント投資する」を選び、手順通りに
進めます（図3-47）。

図 3-47

第1章

第2章

第3章

[実践編01]まずは仕入れの準備をしよう（1週目）

第4章

第5章

気をつけていただきたいのは次の3点です。

> **01** 「積立注文」を選ぶ
> **02** 「ポイントを利用する」積立にする
> **03** 積立指定日は「15日」に設定する

おすすめは15日です。理由は、楽天カード利用での通常ポイントの付与日は13日なので、15日であればポイントをたくさん所有している状態、つまり不足することはないと想定できるからです。

積立ポイント数は各自の判断次第ですが、資産形成というよりも単にSPUのポイント倍率アップが目的というのであれば、500ポイント程度でもいいでしょう。

先ほど「月の前半に行う場合には、次の 05-02 の作業は必要ない」といいましたが、念のため20日頃にSPUの条件が成立しているかを確認してください。もし、成立していなければ、 05-02 の作業をしましょう。

☆ 05-02 楽天証券投資信託購入の申し込み（1回のみ）

もし、 05-01 の作業をするのが月の後半になってしまった場合には、この 05-02 の作業が必要になります。なぜなら、積立の実施開始日が翌月以後となってしまい、SPUの倍率アップの達成が1カ月先送りになってしまうからです。

05-01 と同様に、ホーム画面から「ポイント投資」をクリックし、今度は「スポット投資」を行います。

気をつけるのは「ポイントを利用する」ことだけです。

☆ 06 楽天モバイルの申し込み

　楽天モバイルの通話SIM、または2020年4月から始まった「Rakuten UN-LIMIT」プランの契約中は＋1倍になります。

　月間獲得上限値は5000ポイントです。

「今使っているキャリアを楽天モバイルに変更するつもりがない」という方も、新規で契約することを検討してみてください。なぜなら、1年目は特定条件下では契約しておくだけでプラスになり、2年目も毎月33万円以上買い物をすれば支払う額よりも、もらえるポイントのほうが多くなるからです。

　仮に35万円分の買い物をしたとすると、支払う金額は1年目は無料（サービス開始後先着300万名が対象）となり、2年目でも2980円＋税です。それに対して3500ポイントをもらえて、料金はポイントで支払えます。少なくとも1年間は、費用は実質無料でプラスになり、2年目も毎月33万円以上買い物をするのであればプラスになります。

　また、楽天モバイルは、オンラインでも申し込みはできますが、不安な方は「楽天モバイルショップ」で申し込むとよいでしょう。こちらで、Rakuten UN-LIMITプランを「新規またはMNP」で契約します。また、その際に「楽天IDと連携させたい」と申し出るといいでしょう。

☆ 07 Rakuten TVの申し込み

「NBA Rakuten」か、RakutenTVの「Rakuten パ・リーグSpecial」に加入すると＋1倍になります。月間獲得上限値は、ダイヤモンド会員で15000ポイントです。

「パ・リーグは応援していない」とか「野球は見ない」という方も

第1章
第2章
第3章
［実践編01］まずは仕入れの準備をしよう（1週目）
第4章
第5章

いらっしゃると思いますが、別に見る必要はありません。加入しているだけでポイントが＋1倍になるので、おすすめします。

　バスケットボールがお好きな方であれば「NBA Rakuten」でもよいのですが、そうでなければ「Rakuten パ・リーグ Special」を選びましょう。視聴料は月額と年額の2種類があります。月額だと639円（税抜）、年額だと5093円（税抜）なので、一見年額のほうがお得に感じますが、違います。

　実は、加入する時期によっては年額がクーポンで割引になります。割引クーポンがあるのは、たいていはオフシーズンです。楽天にはオフシーズンのうちに契約を取っておきたいという意図があるようで、12月は特に安くなっています。2019年12月から2020年2月末までは2年連続「半額クーポン」が配布されました。すると、ある時期は「月額で契約」しておいて、クーポンの配布が開始されたら「年額に切り替える」ことで支出を抑えられます。

　オフシーズンに契約することで、毎月の平均支出額は200円台となるケースもあり、非常に費用対効果が高いので、おすすめします。

　ただし、注意が必要な点が1つあります。それは、視聴料は初回のみポイントでの支払いが可能で、2回目以降はクレジットカード決済となることです。もし、ポイントでの支払いだけで済ませたいという場合は、契約後すぐに契約解除をして……という作業を毎月、あるいは毎年繰り返す必要があります。ただし、油断していると、＋1倍を失いかねないので、あまり現実的ではないかもしれません。

☆ 08 楽天の保険申し込み

　楽天の保険に加入し、保険料を楽天カードで支払うと＋1倍となります。月間獲得上限値は5000ポイントです。

楽天の保険は月額200円から契約できるので、とてもお得です。一番コスパがいいのが楽天カードの「楽天超かんたん保険」です。楽天e-NAVIから契約ができます。

　ここで注意していただきたいのは、楽天市場で取り扱っている「楽天超かんたん保険」は対象外であること、全額ポイントでの支払いは対象外、年支払いだと支払いをした次の月のみの適用になることなど、かなり制約が多いのです。

　条件は、SPUのページの「楽天の保険＋楽天カード」に詳しく書かれているので、よく読んでから契約しましょう。

☆ 09 楽天カードをプレミアムカードに切り替える

　SPUをさらにアップさせるためには、楽天カードをプレミアムカードにすることです。

　楽天カードの上位カードであるゴールドカードやプレミアムカードに切り替えることで、さらに＋2倍を得られます。各人の信用情報の状況にもよりますが、新規の楽天カード発行後はすぐに切り替えができないこともありますので、しっかりと物販に取り組む方は、最初からプレミアムカードを申し込みましょう。

　楽天市場のトップページに表示されるSPUの「プレミアムカード・ゴールドカード」をクリックすると楽天カードのサイトに移動します。そこで切り替え、または発行手続きをしてください。

　新規発行の場合は、ポイントサイトを経由するとポイントをもらえてお得です。ゴールドカードの年会費2200円（税込）、プレミアムカードの年会費は1万1000円（税込）です。多くの方が年会費のことを考えて「ゴールドカードでいいのではないか」と思うかもしれません。

私個人の見解ですが、楽天市場で物販の仕入れをする、つまりたくさん買い物をするのであれば絶対にプレミアムカードにするべきです。

　主な理由は次の3つです。

> **01** SPUの月間獲得上限が15000ポイントになる
> **02** プレミアムカード所有者が受けられるサービスの内容に対して年会費1万1000円は割安
> **03** カードの利用限度額が大きい（最大300万円）

　まずSPUで得られるポイントの月間獲得上限はゴールドカードも＋2倍ですが、上限は5000ポイントです。すると、25万円以上の買い物をすれば上限に達してしまいます。

　私が主宰している物販コミュニティのメンバーのほとんどは毎月50万円程度の買い物をしているので、プレミアムカードに切り替えるように指導しています。

　プレミアムカードとゴールドカードで毎月最大で1万ポイントの差が発生します。年会費を8800円余計に払えば、1年間で最大12万ポイントも得するわけですから、十分に元が取れます。

　このほか海外にお出かけが多い方は、海外の空港の有料ラウンジが無料で利用できる「プライオリティ・パス」を取得するといいでしょう。

　有料ラウンジの料金は日本円に換算するとたいてい1000〜3000円程度ですが、中にはもっと高いところもあります。

　プライオリティ・パスを通常のルートで発行してもらうと年会費が429ドル（1ドル＝110円で計算すると約4万7000円）です（次ページ図3-48）。それが楽天プレミアムカードを持っているだけで、な

第1章
第2章
第3章
［実践編01］まずは仕入れの準備をしよう（1週目）
第4章
第5章

んと年会費無料で発行されるのです。

図 3-48

　また、ほかの会社のカードでは、プラチナカード（年会費が最低でも3万円、高い場合は10万円程度）以上でないと無料で利用できません。そう考えると、楽天プレミアムカードの年会費1万1000円がいかに破格かがおわかりいただけると思います。

　また、年会費をポイントで支払うことも可能ですから、通常の楽天カードをお持ちの方だけでなく、現在ゴールドカードを持っている方もこれを機にプレミアムカードに切り替えてはいかがでしょうか。

☆ そのほかのSPUについて

　上記 01 〜 09 で主なSPUアップは終了です。

　このほかにもいくつかありますが、人によって実行しづらいものもあると思いますので、ここでは紹介するだけにとどめておきます。

〈楽天でんき　契約すると＋0.5倍〉

　毎月の買い物で25万円使えば1250ポイント、50万円使えば2500ポイントを獲得できます。もし状況が許すのであれば契約し

第1章

第2章

第3章

［実践編01］まずは仕入れの準備をしよう（1週目）

第4章

第5章

てみてください。

〈楽天トラベル　当月5000円以上の利用で＋1倍〉

　以前に比べるとSPU達成条件のハードルは上がっています。

　出張が多い方、よく旅行に出かける方はかなりお得なので利用してみてください。

〈楽天市場アプリ　スマホのアプリから購入すると＋0.5倍〉

　私はコミュニティのメンバーには、基本的にはスマホから購入するように指導しています。PC上で商品を検索して「お気に入り」に登録してから、スマホで購入するとスムーズです。ぜひ習慣にしてください。

〈楽天ブックス　当月1回1000円以上購入すると＋0.5倍〉

　楽天ブックスから本、CD、DVD、ゲームソフト・関連機器などを購入するとSPUが上がります。楽天市場のセールのタイミングでクーポンが発行されることが多いので、それに合わせて購入するとよいでしょう。

　ポイントで全額支払ってもSPUの条件を達成します。

〈楽天Kobo　当月1回1000円以上購入すると＋0.5倍〉

　電子書籍を購入するとSPUが上がります。毎月、忘れずに購入しましょう。

　ポイントで全額支払ってもSPUの条件を達成します。

〈Rakuten Pasha　トクダネを使って100ポイント以上で＋0.5倍〉

　リアル店舗で指定された商品を購入し、アプリからレシートを撮影して送信することでポイントが加算されます。ただし、100ポイ

ントを貯めるのに手間がかかり、正直、取り組みにくいのが難点です。最近はガソリンスタンドの「宇佐美」限定というトクダネもあるので、近所に宇佐美があって、車に乗る方はやってみてもいいかもしれません。

〈Rakuten Fashion　当月1回買い物をすると＋0.5倍〉

　楽天市場内にあるブランドショップです。購入金額に左右されないので、欲しいものがなければ、なるべく安いものを買えばいいでしょう。

　ファッションアイテムが多いので、女性の方は自分へのご褒美として。男性の方も女性へのプレゼントを購入するといった感じで毎月利用するといいでしょう。私の場合は、妻に毎月欲しいものを選んでもらってそれをプレゼントしています。毎月喜んでもらえるうえに、SPUが上がるという、いいことづくめですね。

　ポイントで全額支払ってもSPUの条件を達成します。

〈楽天ビューティ　当月3000円以上の利用で＋1倍〉

　美容室やマッサージ店を選び、3000円以上のメニューを予約して利用します。男性であれば、ボディメンテナンスとしてマッサージを受けるのもいいでしょう。

　また、スマホの楽天ビューティアプリから予約すると、利用分が＋1倍になります。

　ポイントで全額支払ってもSPUの条件を達成します。

☆ SPU達成の状態を確認して完了

　SPUの倍率アップの手続きは以上で完了です。

　ただし、手続き漏れや操作ミスなどで、達成されていない可能性

第1章

第2章

第3章

［実践編01］まずは仕入れの準備をしよう（1週目）

第4章

第5章

があります。楽天市場のトップページのバナーの下にステータス画面があるので、手続きをしたSPUに「対象」とついているかどうかを確認してください（図3-49）。

図 3-49

特に、楽天ブックスなど毎月購入が必要なものは、月末の2〜3日前までに達成しているかを確認する習慣をつけてください。

ただし、楽天トラベルだけは正しく表示されない場合があるので、SPUの付与があったかどうかで確認するしかないようです。

✿ 楽天ポイントの付与システムが 変更になったら……

ここまでお伝えした楽天ポイントの付与システムなどに関する情報は、本書の発売後に変更されていくでしょう。

もし、そのような事態が発生したら、本書特設LINEにお問い合わせください。

そのほか、手順などのご質問についても期間限定でお受けします（内容によってはお答えできないものもありますので、あらかじめご了承ください）。

〈本書特設LINEの登録方法〉

＊http://lin.ee/xXsYicF　にアクセスし、手順に
　従い友達追加

＊右のQRコードを読み取り、友達追加

STEP 06

楽天市場のセールで仕入れる準備をしよう

作業時間60分

ここからは楽天市場のセールの直前に行う作業を解説します。

✿ キャンペーンのエントリー（楽天市場のセール）

　楽天市場のキャンペーンはほとんどがエントリー制となっています。エントリーをしたあとでないとポイントがつかないケースもあるので、確実にエントリーしましょう。

　おおむね、メインバナー（一番大きいバナー）か、その下のサブバナーにエントリーするページへのリンク（図3-50）があるので、そこを移動して「エントリー」をクリックしておきます。

図 3-50

✿ キャンペーンのエントリー（セール以外）

　楽天市場では「毎月5と0のつく日」「会員ランクに応じて○倍ポイントプレゼント」や「全ショップ2倍」などのキャンペーンを実施することがあります。

　また、楽天イーグルスやサッカーチームが勝ったときにも「＋1〜3倍」のキャンペーンをやります。

　これらもすべてエントリー作業が必要です（具体的な内容は次の〈STEP07〉で解説しています）。

✿ お買い得な商品を発掘しよう

　セールの開始前にお買い得な商品が発表されます。

　それらは以前購入したことがあるショップのメルマガから情報を得たり、事前にショップを回遊して見つけます。

　また、セール当日にはお買い得な商品はたくさん買われるので、「リアルタイムランキング」などで検索することで見つけられることもあります。

　楽天市場全体では2億点以上の商品が出品されているといわれているので、お買い得な商品は見つけやすくなっています。

✿ クーポンをゲットする

　また、多くのショップは、セールの日に向けて、クーポンを配布しています。

　クーポンには、金額を値引きするものと、パーセントで値引きするものがあります。私の経験上、パーセントによる値引きのほうが割引額が多くなる傾向にあります。

第1章
第2章
第3章
［実践編01］まずは仕入れの準備をしよう（1週目）
第4章
第5章

☆ ツールでAmazonの裏情報を確認する

楽天市場のセールで売られているからといっても、その商品が一番安く売られているとは限りません。たいていはAmazonでもっと安い値段で売られていたりします。

まず、楽天市場の表示金額（ポイント還元を加味しない金額）とほかのネットショップの価格を比較して、「本当に安い」のかどうかを確認する必要があります。このとき過去の値動きなども参考にします。

楽天市場の表示価格からポイント還元による割引として加味した「実質価格」が、ほかのネットショップの価格と差が大きいものはお買い得な商品です。

このようなお買い得な商品を探すのに〈STEP03〉で用意したツールなどを利用するのです。

そして、お買い得商品が見つかったら「お気に入り」に登録します。

基本的には、あとはセールの日を待つだけですが、物販をはじめたばかりの頃はお買い得な商品を探し出す感覚を養うために、さらにリサーチを続けてもいいでしょう。ただし、その作業に没頭してしまうと、疲れますし、何より本業や普段の生活に支障をきたすおそれがあるので、ほどほどにしましょう。1日30分とか1時間とか時間を決めて取り組むことをおすすめします。

第1章

第2章

第3章

[実践編01] まずは仕入れの準備をしよう（1週目）

第4章

第5章

STEP 07 キャンペーンでお得に購入しよう

作業時間60分

☆ いよいよセールの日！ さっそく買うぞ…… ちょっと待った！

さあ、セールの日がやってきました！ キャンペーンにきちんとエントリーしていれば、あとは買うだけです……が、ちょっと待ってください。

買うときにほんの少しだけ工夫をすると、さらにお得に買えるようになります。応用編にあたるような内容ですが、知っておいてください。

一番大事な視点は「どれだけ安く買うことができるか」です。この視点は皆さんに必ず持っていただきたいと思います。これが物販で儲けるための最大のカギといっても過言ではありません。

たとえば、あるネットショップが楽天市場と別のショッピングモールサイトにも出店している場合、どちらで買ったほうが安いのか？（価格差があるケースはしばしばあります）

また、利用できるクーポンはないのか、先ほど紹介したハピタスのようなポイントサイトを経由して購入したらどうか、もしかしたらリアル店舗で激安で売られていたりしないのか……など「安く買う」ためのあらゆる手段を模索するようにしてください。

☆ 楽天市場のセール日程

楽天市場のセール日程について解説します。

セール日程は開催前に告知されますが、告知前に正確に当てることはなかなか難しいのが現実です。ポイントの使いみちを考えると、できるだけ早くわかったほうがいいのですが、その月のセールが1回なのか2回なのかはそのときになってみないとわかりません。

　そこで頼りになるのは、これまでのセールの開催実績、特に前年のセールの開催実績です。

　以下に2019年／2020年の開催実績をまとめてみました。

　（　）内は開催日を指しています。開始時刻は20：00が多く、0：00もあります。また、終了時刻は1：59が多く、23：59もあります。

〈2019年〉

1月	お買い物マラソン（9〜16日）、お買い物マラソン（24〜28日）
2月	超ポイントバック祭（9〜16日）
3月	スーパーSALE（4〜11日）、お買い物マラソン（21〜26日）
4月	お買い物マラソン（9〜16日）、お買い物マラソン（22〜26日）
5月	お買い物マラソン（11〜18日）
6月	スーパーSALE（4〜11日）
7月	お買い物マラソン（4〜11日）、お買い物マラソン（19〜26日）
8月	お買い物マラソン（4〜9日）
9月	スーパーSALE（4〜11日）、お買い物マラソン（19〜24日）、超ポイントバック祭（25〜27日）
10月	お買い物マラソン（4〜11日）
11月	お買い物マラソン（4〜10日）、おひとりさまDAY（11〜12日）、お買い物マラソン（19〜26日）、BLACK FRIDAY（28〜30日）
12月	スーパーSALE（4〜11日）、超ポイントバック祭（14〜18日）、大感謝祭（19〜26日）

第1章

第2章

第3章

［実践編01］まずは仕入れの準備をしよう（1週目）

第4章

第5章

〈2020年〉

1月	超ポイントバック祭（1〜5日）、お買い物マラソン（9〜16日）、お買い物マラソン（24〜28日）
2月	お買い物マラソン（9〜16日）
3月	スーパーSALE（4〜11日）

　いかがでしょうか？

　「かなり頻繁にセールが行われている」と感じるのではないでしょうか。ここでは、大きなセールだけを紹介しています。実際には、小規模なセールはしょっちゅう開催されています。

　また、セールの内容を見てみましょう。

・お買い物マラソンやスーパーSALEは、買い物する店舗数に応じて倍率が上がる

・超ポイントバック祭では、購入金額に応じて倍率が上がる

・全体的な傾向としては、セールの回数は増えているが、1回当たりのポイント付与上限値や倍率は下がっている

　主なセールをもう少し詳しく説明すると次の通りです。

〈お買い物マラソン〉

・1000円以上買い物をした店舗数に応じて、倍率がアップ

・2店舗で2倍…10店舗で最大10倍（通常のポイント＋9倍）

・上限10000ポイント

・＋9倍は、期間限定ポイントとして付与される

〈2019年前半の超ポイントバック祭〉

・購入金額に応じて、倍率がアップ

・2万円で2倍、10万円で最大10倍（通常のポイント＋9倍）

・上限12000ポイント
・＋9倍は、期間限定ポイントとして付与される

〈2020年1月の超ポイントバック祭〉
・購入金額に応じて、倍率がアップ
・2万円で2倍、7万円で最大7倍（通常のポイント＋6倍）
・上限8000ポイント
・＋6倍は、期間限定ポイントとして付与される

　店舗数により倍率が増えるタイプ、購入金額により倍率が増える
タイプのどちらにも一長一短がありますが、本書で紹介するメソッ
ドを実践する場合は、超ポイントバック祭のほうが簡単に上限値に
近づけられます。

　このように整理すると、楽天市場のセールを活用すれば商品を安
く仕入れられるということを実感していただけるのではないでしょ
うか。

☼ キャンペーンが複数実施されている場合

　楽天市場では大型セールだけでなく、小規模なキャンペーンをし
ばしば実施しています。なるべくこまめにエントリーするようにし
ましょう。

〈「毎月5と0のつく日」キャンペーン〉
　毎月5と0のつく日に楽天カードで決済すると＋2倍となります。
具体的には毎月5、10、15、20、25、30日の6日です（次ページ
図3-51）。

獲得上限は、月間3000ポイント（購入金額15万円）です。

図 3-51

第1章

第2章

第3章

「実践編01」まずは仕入れの準備をしよう（1週目）

第4章

第5章

〈楽天「いちば（18）の日」キャンペーン〉

　毎月18日に実施されるキャンペーンです。ダイヤモンドランクの会員は4倍（＋3倍）になります。

〈勝ったら倍キャンペーン〉

　プロ野球チーム「楽天イーグルス」、サッカーチーム「ヴィッセル神戸」「FCバルセロナ」が勝利した翌日は、＋1倍～3倍になります（2020年3月現在）。1チームが勝つと＋1倍、2チームが勝つと＋2倍、3チームが勝つと＋3倍です。

〈全ショップ対象2倍キャンペーン〉
〈全ショップ対象3倍キャンペーン〉

　これらは、セール中の臨時キャンペーンのようなもので、セールの後半によく実施されます。タイムセール的な意味合いもあるのかもしれません。

　それぞれ通常の＋1倍、＋2倍になります。

☆ キャンペーンをシミュレーションしてみると……

　さて、キャンペーンについて詳しくなっていただいたところで、どれくらいポイントが還元されるのか、つまり実質的にどれくらい安く購入できるのかをシミュレーションしてみます。

　たとえば、次の状況だったとしましょう。

・ある月の10日
・お買い物マラソンの開催日で7つのショップですでに商品を購入している状態
・昨日、楽天イーグルスが勝って「勝ったら倍キャンペーン」＋1倍
・SPUについては12倍

　このときキャンペーンで、1万円の商品がエントリーするとポイント10倍で販売されていたとします。

　すると、ポイント倍率はどうなるでしょうか？

SPU：＋12倍
ショップキャンペーン：＋9倍
5と0のつく日：＋2倍
勝ったら倍（1チーム）：＋1倍
お買い物マラソン：＋6倍
合計：＋30倍

　30倍のポイントが付与されることで、1万円の商品が実質7000円で買えることになります。ここまでで解説したポイントアップのための作業を一切やらずに、楽天会員の資格のみでセールやキャン

第**1**章
第**2**章
第**3**章
〔実践編01〕まずは仕入れの準備をしよう（1週目）
第**4**章
第**5**章

ペーンを活用しなかったら、＋1倍のみなので、9900円で買うことになります。なんと2900円もの差が発生します。

SPU、セール、キャンペーンをおろそかにできないことがおわかりいただけたと思います。

☆ 買い物を進める中での注意点

買い物を進める中で注意していただきたいのが、「現時点のポイント倍率がどうなっているのか」がわかりづらいことです。

お買い物マラソンでは「終了の際にいくつのショップで買い物をしたか」が評価の対象となります。

また、SPUについては「毎月末までにどのサービスを利用しているか」が評価の対象となるので、それぞれ最終形を想定したうえで購入する必要があります。

買い物中に表示されている倍率はあくまで「現時点」での倍率です。最終形ではありません。表示されているポイント数は参考程度に考えて、自分で計算できるようにしましょう。

とにかく表示されているすべてのキャンペーンにエントリーするようにしてください。

☆ 楽天カードのキャンペーンも見逃すな

楽天市場のキャンペーンだけでなく、楽天カードのキャンペーンもあります。これは楽天市場からエントリーできないものもあります。その場合は、〈STEP05〉で説明した楽天カードの楽天e-NAVIのページからエントリーします。

「キャンペーン・ポイントサービス」のタブを開き、「キャンペーンのエントリー・照会」をクリックします（次ページ図3-52、3-53）。

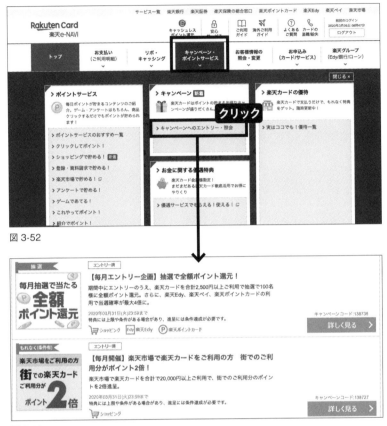

図 3-52

図 3-53

　図3-53の2つのキャンペーンは毎月やっていますので、必ずエントリーするようにしましょう。

　1つは、抽選制ですが全額キャッシュバック。これは「当たったらラッキー」という感じでしょうか。

　もう1つは全員が対象で、街のリアル店舗での楽天カードの利用でポイントが2倍貯まります（上限1000ポイント、最大10万円までの利用）。

　通常、楽天カードを利用すると100円で1ポイントもらえますが、

第1章

第2章

第3章

［実践編01］まずは仕入れの準備をしよう（1週目）

第4章

第5章

これが2ポイント、つまりエントリーするだけで「2パーセント」還元されます。

ほかのクレジットカードの還元率はたいてい0.5～1パーセント程度ですから、この2パーセントというのは大きいです。また、楽天ポイントの加盟店で利用するとさらに1パーセント上乗せされ、3パーセントになります。

ちなみに、楽天ペイでの支払いも「街での利用」とカウントされるのも、個人的にはアツいと思っています。というのも、楽天ペイのキャンペーンとの二重取りができることもありますから。

ほかにも特定店舗での利用で＋2倍というキャンペーンも実施されていたりします。キャンペーン情報には日頃から注意するようにしましょう。

☆ リアル店舗での購入も視野に入れる

ここまでお話しした内容は、実はリアル店舗にも応用できます。

つい先日、複数のキャンペーンを併用することで、発売からあまり日が経っていないある商品を通常価格の40パーセント程度で買えました。楽天と提携している家電量販店だったので、SPUが還元されました。

以下、キャンペーンの組み合わせ例です。

・クレジットカードの入会キャンペーン：20パーセント還元
・ポイントカード：8パーセント還元
・au Payキャンペーン：20パーセント還元
・SPU：11.5パーセント還元
・SHOPPING GO（LINE）：0.5パーセント還元
　計　60パーセント還元

補足 | 買い物（仕入れ）に関する注意点

☆ Amazonから買ったものをAmazonで売ると規約違反!?

　Amazonにもタイムセールやプライムデーなどのセールがあります。また、PayPayモールなどのショッピングモールにもセールがあります。

　物販に慣れてきたら楽天市場だけを見るのではなく、ほかのショッピングモールやリアル店舗などの情報も収集するようにしましょう。すると、まるで波乗りのように次から次へとセールを渡り歩き、安く買い物ができるようになります。

　ただし、気をつけていただきたいことがあります。Amazonのセールで買ったものを自分でAmazonに出品することは規約違反になります。最悪の場合、アカウント凍結・停止のおそれがあります。くれぐれもご注意ください。

　たとえば、メルカリ、ヤフオク、ラクマなどで売ることはできるので、もしAmazonで買ったものを売りたいときはAmazon以外に出品するようにしましょう。

第**1**章

第**2**章

第**3**章

[実践編01] まずは仕入れの準備をしよう（1週目）

第**4**章

第**5**章

✿ メルカリ、ヤフオク、ラクマなどで買ったものはAmazonに出品できる？

　メルカリ、ヤフオク、ラクマなどで買ったものは、Amazonに出品できるでしょうか？

　実は、答えはイエスでもあり、ノーでもあるのです。

　Amazonの規約には、新品で出品してはいけない条件として「個人（個人事業主を除く）から仕入れた商品」と書かれています。オークションサイトやフリーマーケットを通じて個人間で取引されたものは、新品として出品してはいけません。

　ただし、個人事業主か法人から買った場合はこの要件に当てはまりません。とはいえ、オークションサイトやフリーマーケットでは、出品者が法人・個人事業主なのか個人なのかを見分けるのは非常に困難です。ですから、新品としての出品するのは避けたほうがいいでしょう。

　その場合、中古として出品することになるのですが、1つだけ要件があります。中古品の売買を事業として行う場合は、都道府県の公安委員会から古物商の許可を得る必要があります。警察署で申請ができるので、許可を得てから出品をするようにしましょう。

　以上をまとめると、新品での出品はノー、中古での出品はイエスだが、古物商の許可を得てからやるということです。

第 4 章

[実践編02]

商品を仕入れて、出品・販売しよう！

（2〜4週目）

Chapter4

商品を仕入れよう

作業時間90分

☆ 商品選びにおいて大事な点とは？

第2章で「商品を選ぶ」と言いましたが「それでは漠然としてよくわからない……」と感じている方が大半だと思います。この〈STEP08〉では、実際に「どのような商品を選ぶとよいのか」について解説します。

☆ 出品できるもの／できないもの

Amazonのセラーアカウントを取得したばかりの時点では、出品できないものがけっこうあります。

詳しくはAmazonのセラーセントラル内のガイドライン（「制限対象商品」や「出品許可が必要な商品」など）を参照していただきたいのですが、Amazonのセラーアプリで調べることもできます。154ページで解説している出品作業の画面の商品情報に、仕入れようとしている商品のJANコード（バーコード）を入力することで、出品できるものか、出品申請が必要か、あるいは出品不可のものかを見分けることができます（そのまま出品できる場合は「この商品を新品のコンディションで出品できます」と表示されます）。

○制限対象商品
　https://is.gd/GdpJ6d

144

第1章

第2章

第3章

第4章

［実践編02］商品を仕入れて、出品・販売しよう！（2〜4週目）

第5章

○出品許可が必要な商品
　https://is.gd/JCsGaw

☆ 商品選びのポイント01 売れていること

　これは、第2章でもお伝えしましたが、「売れていること」がいちばん大事なことです。継続的かつ安定的に稼ぐための最大の要件です。

　利益率はその次です。まずは「売れている」もので勝負します。数をこなせば（縦積みすれば）、利益額もついてきます。

　それでは、どれくらい売れていればいいのでしょうか？

　これは、商品のカテゴリや販売条件、市況によってまちまちなのですが、おおよその目安は、出品者が10件以上の場合においては、1カ月に販売されたであろう個数を出品者数で割ったときに、1以上の数字であれば1個は仕入れても大丈夫だと思います。

　出品者が10件以下の場合は、1カ月に10個以上売れているかどうかを目安にするといいでしょう。

　このとき、1カ月で売れると思われる数以上は仕入れないようにします。なぜなら売れなかった分が在庫になるからです。何度でも言いますが、売れない限り現金になりません。資金によほど余裕があるという方以外は、できる限り在庫を持たないようにしましょう。

☆ 商品選びのポイント02 単価が高いもの

　単価があまりにも安いものを仕入れても、手間ばかり増えて利益が少ないということになるので、なるべく避けてください。

　この場合粗利率ではなく、粗利額で考えます。単価が安いとAmazonの手数料や送料を差し引いたあとに、ほとんど利益が残らないとか、下手をすると赤字になったりします。

目安の単価としては、1万円を超えるものや、5000円以上で利益がそこそこあるものにするといいでしょう。

☆ 商品選びのポイント03 価値が高いもの

　商品は「価値が高い」ものを選ぶようにします。この場合の「価値が高い」とは「安売りされていない」という意味です。

　どのショップ（ネットショップ、リアル店舗など）でも安く売られているものは、Amazonでも安く出品されていますし、競合が多くなり、売れにくくなります。

　ですから、どのショップでも、定価に近い価格で売られているものを選びましょう。そうすれば、Amazonでも同じくらいの価格で出品することができます。これも利益確保の観点からは重要なことです。

☆ 商品選びのポイント04 Amazonの手数料の安いものに注目する

　メルカリ、ラクマ、ヤフオクなどを利用したことがある方には意外に思うでしょうが、実はAmazonの手数料は一定ではないのです（この点が、初心者がAmazon物販にとっつきづらい理由になっているかもしれません）。

　ゲームのカテゴリにおいては、ゲーム周辺機器やソフトは15パーセントですが、サブカテゴリであるゲーム機本体に限っては8パーセントと、半分程度の手数料で済みます。

　また、家電アクセサリは10パーセントですが、カメラは8パーセントです。さらに、ドラッグストアは10パーセントなどと、カテゴリごとに細かく手数料が分かれています。これについては、Amazonのサイトで手数料一覧を見ていただくとして、カテゴリ

ごとの手数料はざっとでいいので把握しておきましょう（図4-1）。

　もちろん、手数料の低いものを選んだほうが利益を出しやすくなります。

第1章
第2章
第3章
第4章
［実践編02］商品を仕入れて、出品・販売しよう！（2〜4週目）
第5章

カテゴリー	現在の販売手数料 販売手数料	変更後の販売手数料 販売手数料	最低販売手数料[8]
本	15%	15%	なし
CD・レコード	15%	15%	なし
DVD	15%	15%	なし
ビデオ	15%	15%	なし
エレクトロニクス（AV機器&携帯電話）	8%	8%	30円
カメラ	8%	8%	30円
パソコン・周辺機器	8%	8%	30円
（エレクトロニクス、カメラ、パソコン）付属品	10%（最低販売手数料50円）[7]	10%[7]	30円
Amazonデバイス用アクセサリ	45%	45%	30円
楽器	8%	8%	30円
ドラッグストア	10%	• 売上合計が1,500円以下の場合は商品代金の8%[9] • 売上合計が1,500円を超える場合は商品代金の10%	30円
ビューティ	10%[1]	• 売上合計が1,500円以下の場合は商品代金の8%[9] • 売上合計が1,500円を超える場合は商品代金の10%[1]	30円
腕時計	15%[6]	• 売上合計が10,000円以下の部分には商品代金の15% • 売上合計が10,000円を超える部分には商品代金の5%[9]	30円
ジュエリー	15%	• 売上合計が10,000円以下の部分には商品代金の15% • 売上合計が10,000円を超える部分には商品代金の5%[9]	30円
ベビー&マタニティ	15%	• 売上合計が1,500円以下の場合は商品代金の8%[9] • 売上合計が1,500円を超える場合は商品代金の15%	30円
服&ファッション小物	15%	15%	30円
シューズ&バッグ	15%	15%	30円
その他のカテゴリー	15%	15%	30円

*1.一部のブランドには、販売手数料20%が適用されます。こちらをご覧ください。

*2.TVゲームの一部のサブカテゴリーの販売手数料：8%（詳しくはこちらをご覧ください）

*3.文房具・オフィス用品の一部のサブカテゴリーの販売手数料：8%（詳しくはこちらをご覧ください）

*4.ホーム（キッチン）の一部のサブカテゴリーの販売手数料：10%（詳しくはこちらをご覧ください）

*5.食品&飲料の一部のサブカテゴリーの販売手数料：（詳しくはこちらをご覧ください）

図 4-1

☆ 商品選びのポイント05 小さくて、軽いもの

　そして、最後のポイントは、「小さくて、軽いもの」を選ぶことです。Amazonの手数料を軽減するためにも非常に大事なのですが、さらに送料軽減のためにも大変有効です。

☆ 商品選びのポイントを総合すると……

　実を言うと、ポイント01〜05のすべてを満たすものはなかなか見当たりません。それでも、少なくとも大前提の「売れているもの」で、それ以外についてはできるだけ要件を満たすものという考えに基づいて探すことで、どのような商品を選べばいいのかが見えてくるでしょう。

　たとえば、ゲーム機本体、軽量の家電、カメラ・AV機器、パソコン周辺機器などがいいのではないでしょうか。また、季節によっては、おもちゃなども視野に入れましょう。

STEP 09

出品登録をしよう

作業時間90分

第1章
第2章
第3章
第4章
［実践編02］商品を仕入れて、出品・販売しよう！（2〜4週目）
第5章

　ここでは、すでに商品を選び、商品を購入したものとして、話を進めます。

　購入した商品をAmazonに出品（商品登録）する方法を解説します。

☆ Amazonでの出品登録・納品の一連の流れを理解しよう

　まず、あなたがイメージをするネット物販の手順はどのようなものでしょうか？　もしかしたら「まったく思い浮かばない」という方もいらっしゃるかもしれませんが、ちょっとだけ考えてみてください。

　多くの方がイメージするのは、次のような流れではないでしょうか？

01 商品を仕入れる

02 商品ページを準備する

03 注文が入り決済されたら、商品を梱包する

04 発送してお客さまに届ける

　すでにメルカリやヤフオクなどの出品をした経験がある方は、だいたいこの手順で手続きしたのではないでしょうか。

メルカリなどで物販をしている仲間に聞いたところ、商品の説明にキーワードを多く入れたり、写真をきれいに見えるように撮るなどのテクニックがあるそうです。また、商品写真に文字を入れたりして目立たせるとか。複数の物品を売る場合には、そういう作業にかなり手間がかかるようです。そもそもメルカリなどのフリマアプリでは同じ商品を繰り返し売ることが目的ではなく、不用品を売ることが前提になるので、このようなことが必要になるのでしょう。

　Amazon物販の場合、商品ページを自分で用意することはほぼありません。

　どういうときに必要かというと、「①自社で商品を開発したとき」「②商品がAmazonに登録されていないとき」の2つの場合に限られます。私たちは、すでに「売れているもの」を出品するわけですから、どちらにも該当しませんよね。

　Amazon物販では、すでにAmazonに存在する「カタログに相乗り出品」というやり方で出品をします（37ページ参照）。これが通常の方法です。カタログに相乗りすればよいので、初心者でも出品しやすいのです。

　この相乗りの出品は、実際にやったことがない方にはピンとこないかもしれませんね。具体的に出品作業の際の手順でさらに解説していきます。

　また、発送についても、メルカリなどでは注文が入ったらできる限り素早く送る必要があります（そのほうがよい評価が増えて注文が入りやすくなるので）。そのため、注文がいくつも集中すると混乱してしまったり、部屋が荷物で埋まってしまったりします。また、最悪の場合、あわてて作業をしたせいで間違って発送してしまうといったことが発生します。すると、購入者からの評価が落ちてしま

第1章

第2章

第3章

第4章

［実践編02］商品を仕入れて、出品・販売しよう！（2〜4週目）

第5章

います。かなりプレッシャーがかかり、私も得意ではありません。

　Amazon物販においては、自分で梱包・発送してもいいですし、「フルフィルメント by Amazon（FBA）」というサービスを利用して Amazon に作業を依頼することができます。もちろん、本書ではFBAの利用を推奨しています。

☆ Amazonへの納品、FBAについて理解しよう

　フルフィルメントとは「通信販売やECサイトで受注から発送までの業務（受注、梱包、在庫管理、発送、料金回収）の一連のプロセスを指す」ことが一般的なのですが、FBAを利用すると「梱包、在庫管理、発送と顧客対応」を格安な費用でやってもらえます（受注、代金回収はFBAを利用しなくてもAmazonが行います）（図4-2）。

　FBAを利用することで、物販の初心者でも大量の出品がしやすくなっています。

図 4-2

☆ Amazonセラーアプリで出品する全体像

　ここからは、実際にどのような手順で出品していくかについて解説します。

　FBAを利用した出品から納品までの手順を簡単にまとめると次のようになります。

01 スマホのセラーアプリを起動して、カメラでJANコード（バーコード）を読み取ると、商品情報が表示される

02 （任意で）SKU（162ページ参照）という納品固有番号をつけて、出品する値段を入力して、「Amazon倉庫に納品する」を選択する（このとき自分で発送することも選べます）

03 商品ラベルをプリントアウトして、商品パッケージのJANコードの上から貼りつける

04 納品個数などを入力し、指定されたFBAの倉庫に商品を発送（納品）する（※PC上での作業となります）

　以上です。非常に簡単ですよね。

　仕入れて登録して納品するだけで、商品カタログページで売ることができます。この手軽さは、ほかのサイトに比べると本当に大きなメリットです。

☆ 売れたらどうなるのか？

　出品した商品が売れたらどうなるのでしょうか？

　自分で発送をする場合は、梱包・発送をしなければなりません。それに対して、FBAを利用していれば、何もする必要はありません。商品が売れて代金が決済されたら、Amazonが自動的に発送して

第1章
第2章
第3章
第4章
[実践編02] 商品を仕入れて、出品・販売しよう！（2〜4週目）
第5章

くれます。つまり、仕入れてFBAの倉庫に納品したら、売れるのを待つだけです。

☆ もっと楽に納品を進める方法とは？

少し費用がかかりますが、手順「03　商品ラベルをプリントアウトして、商品パッケージのJANコードの上から貼りつける」作業もAmazonに代行してもらうことができます。

そうすると手順は次の通りになります。

01 スマホのセラーアプリを起動して、カメラでJANコード（バーコード）を読み取ると、商品情報が表示される

02 （任意で）SKUという納品固有番号をつけて、出品する値段を入力して、「Amazon倉庫に納品する」を選択する

03 納品個数などを入力し、指定されたFBAの倉庫に商品を発送（納品）する（すべての商品が入った発送用の箱だけにはFBAのラベルを貼る必要があります）

たった3つの手順で納品が完了します。

☆ 具体的な出品について

それでは、全体像がわかったところで、画面を見ながら進めていきましょう。

また、購入したものは、（商品が届く前に）すぐに出品登録をしましょう。

もちろん、商品が届いてからでもいいのですが、初めて買ったも

の以外は出品できることがすでにわかっているわけですから、JANコード（バーコード）やASIN（Amazon固有の商品コード）を使って出品登録をしておけば、商品が届いたときに発送するだけとなります。勢いがあるときについでに出品しておくことが、手を止めない秘訣でもあるので、このタイミングで出品することをおすすめします。

　全体像をご理解いただいたところで、画面を見ながら進めていきましょう。まずは流れをつかんでください。

✿ Amazonセラーアプリを起動する

　まず、第3章で解説したAmazonセラーアプリを起動します。

　ID、パスワード、二段階認証などを入力すると、アプリのメイン画面が表示されます（図4-3）。

図 4-3

ここでは、セラーアプリのメイン画面のメニューのうち重要な点だけ紹介します。

〈商品登録〉

　157〜158ページの商品登録の解説では、カメラ機能を使った方法を解説していますが、ASIN、JANコード、商品名でも検索できますし、ランキング情報を調べることもできます。

〈注文管理〉

　注文の管理はこのメニューから行います、ただし、FBAを利用する場合は、商品は自動的に発送されるので、ほとんど確認する必要はありません。「注文管理」をタップすると、出荷されたかどうかなどが表示されます。もしお客さまからメッセージで問い合わせがあったときなどに確認すればいいでしょう。ただ、FBAを利用している場合は、Amazonカスタマーの連絡先を案内するだけなので、これといってすることはありません。

〈返品管理〉

　このメニューは通常使いません。

〈ケースログの管理〉

　Amazonのテクニカルサポートとのやり取りはここに記録されます。Amazonに問い合わせをしたり、Amazonから問い合わせがあった場合は、ここを確認します。

〈メッセージ管理〉

　お客さまからメッセージが届くとここに表示されます。通常24時間以内になんらかの返信をする必要があります。

第1章
第2章
第3章
第4章
【実践編02】商品を仕入れて、出品・販売しよう！
（2〜4週目）
第5章

〈アカウントヘルス〉

　アカウントの健全性などが表示されます。

　Amazonが設定しているアカウントの基準があり、それを逸脱したと判断されるとアカウントが停止・凍結されることもあります。健全性を維持するように注意してください。

〈在庫管理〉

　ここで、在庫が納品されているか、在庫数はいくつか、値段がいくらに設定されているかを確認・変更できます。一番利用するメニューです。

〈FBA納品の管理〉

　ここでは、FBAの納品番号単位での管理ができます。

　SKU数と全納品数などが表示され、どの商品を納入したかも詳細に確認できます。

　ひとまずアプリについてはこれくらい押さえておいていただければ大丈夫です。

　もっと詳しい情報を知りたいという方は、Amazon公式の「出品大学」というページを参考にしてください。

○Amazon出品大学：「Amazon出品」モバイルアプリケーション（入門編）

　https://is.gd/cgKZbN

第1章
第2章
第3章
第4章
[実践編02] 商品を仕入れて、出品・販売しよう！（2～4週目）
第5章

✦ 具体的な出品方法（カメラ機能を使用する場合）

　ここでは、手間のかからないカメラ機能を使った出品の手順を解説します。

01　商品の一覧を表示する

　メイン画面の右上にある「カメラマーク」をタップします。すると、図4-4のような画面に切り替わります。

（注：カメラマークの左側の欄にJANコードを入力することでも商品が表示されます。商品を仕入れる前に「売れるもの」かどうかを調べるときに使えます）

　このとき商品の一覧を表示する方法は2通りあります。

図 4-4

〈01-01〉 商品のバーコード（JANコードまたはEANコード）の部分を写す（図4-5）

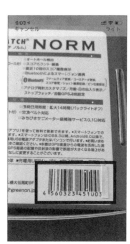

図 4-5

〈01-02〉 商品パッケージ全体を写す
（図4-6）

どちらの方法であっても、Amazon
に登録されている商品ならば、画面が
切り替わり「商品の一覧」（図4-7）が
表示されます。ただし、商品によって
表示結果の精度が異なる（JANコード
を正しく読み取れないため違う商品が
表示されてしまう）ので、両方で試す
ようにしてください。

もし登録されていない場合は、図4-8
の画面が表示されます。

図 4-6

図 4-7

図 4-8

02　商品の詳細を確認する

図4-7の商品の画像部分をタップすると、「商品の詳細」が表示
されます（次ページ図4-9）。

〈02-01〉価格について

「商品の詳細」では、この商品の「現在の最低価格とその価格における手数料額」が表示されます。「純利益」が損益分岐点です。

〈02-02〉出品条件

　新品をそのまま出品できる場合は「出品条件」に「この商品を新品のコンディションで出品できます」と表示されます。それ以外の表示が出た場合は、出品申請が必要か出品不可です。そのままでは出品できません。

〈02-03〉出品

　図4-9の画面右下の「出品」をタップすると、図4-10の画面が表示されます。

図 4-9

図 4-10

第1章
第2章
第3章
第4章
［実践編02］商品を仕入れて、出品・販売しよう！（2〜4週目）
第5章

03　商品の情報を入力する

〈03-01〉「商品の詳細」で情報を確認する

　前ページの図4-10の画面ではまず商品画像の下の「商品の詳細」をタップして、出品者の数、売上ランキングなどを確認します。売上ランキングはカテゴリにもよりますが、人気カテゴリなら1000〜3000位台にあれば、販売数が多いと推測されます。

　さて、このとき、ASIN（エーシン）というAmazonの管理コードも表示されるので、タップしてコピーするか、メモしておきます。

〈03-02〉「コンディション」の設定

「コンディション」で商品の状態を選択します。「新品」を指定します。

〈03-03〉「コンディション説明」の設定

　ここで書いた内容が「出品者一覧」をPCなどで表示したときに表示されます（次ページ図4-11）。スマホの場合は、画面を進めなければ表示されません。

　ここには、商品の状態を記入することが求められていますが、新品の場合、多くのショップは発送条件や提供条件について記載しています。例文を用意したので、必要に応じてお使いいただければと思います。

○「コンディション説明」の例文
※必ず最後までお読みください。Amazon専用在庫で、安心、24時間365日稼働でスピード配送のAmazon倉庫からの発送になります。※パッケージ・箱・包装などに若干傷みのある場合がございます。万が一不備、動作不良などがございましたら、Amazonマーケットプレイス保証に基づき、返品返金にて対応させていただきます。どうぞよろしくお願い申し上げます。

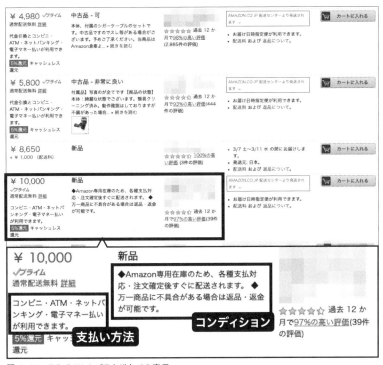

第1章

第2章

第3章

第4章

［実践編02］商品を仕入れて、出品・販売しよう！（2〜4週目）

第5章

図 4-11 PC の Web ブラウザ上での表示

〈03-04〉「販売価格」の設定

158ページの図4-7の画面を下方向にスクロールします（次ページ図4-12）。

「販売価格」は、競合出品者の価格を参考に決めます。

第3章で解説した「ショッピングカートボックス価格」（カートに表示されている価格）に合わせるのが一番販売数が伸びるので、それに合わせましょう。あるいは、最低価格にしてもいいでしょう（158〜159ページの図4-7、4-9のセラーセントラルアプリの画面で確認できます）。安くしたほうが売れる確率は高まります。ただし、ほかの販売者との安売り合戦になると不毛なので、最低価格以下にはしないようにしましょう。

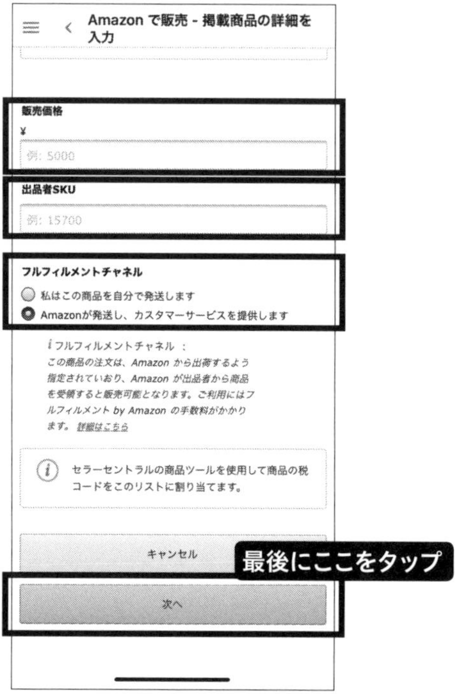

図 4-12

〈03-05〉「出品者SKU」の設定

SKU（Stock Keeping Unit）とは、物流用語で、受発注・在庫管理を行うための最小単位となります。

たとえば、同じものを10個仕入れたときに、同じSKUをつけて、在庫を10個と管理するといった具合です。

私が物販を指導するときは、SKUは次のようにするとわかりやすいとお伝えしています。

YYMMDD-（STORE）-（ASIN）-（COST）
年（2桁）月日-ストア名（任意の略称）-ASIN-仕入値
（例）201012-ask-B07KVQ08S-12980

第1章
第2章
第3章
第4章
［実践編02］商品を仕入れて、出品・販売しよう！（2〜4週目）
第5章

これで管理しておけば、いつ、どこで、いくらで何を仕入れたかが一目瞭然です。

特にASIN（92ページ参照）は、あとで商品を検索するときに使うのに便利なので入れるようにしてください。

〈03-06〉「フルフィルメントチャネル」の設定

ここでは、出品者自身で発送するのか、Amazonから発送する（FBA）のかを選びます。FBAにするのであれば「Amazonが発送し、カスタマーサービスを提供します」を選択します。

ここまで設定したら、「次へ」をタップします。

04　出品内容を確認する

図4-13の画面が表示されるので、入力した内容を確認します。この時点では、在庫の個数は入れる必要はありません（納品するときに入力します）。

また、配送パターンも初期値が表示されますが、FBA納品の場合、何もしないでOKです。

確認したら、「今すぐ出品」をタップして、出品作業は終了です。

出品がされているかどうかは、しばらく経ってからセラーアプリのトップ画面の「在庫管理」をタップすると表示されます

図4-13

✿ セラーセントラル（PCのWeb版）で出品情報を修正する。

　大口出品者の場合、「コンビニ払い」「代金引換」が有効になっていることがあります。これらが有効になっていると、販売機会は増えるのですが、競合セラー（出品者）が嫌がらせで購入してくる確率が上がるため、在庫管理画面でオフにしておきます。

01　セラーセントラル（PCのWeb版）にログインします。

02　［在庫］メニューから「在庫管理」を選択します（図4-14）。

図 4-14

03　在庫一覧が表示されたら、先ほど登録した商品を探して、右端の「詳細の編集」を選択します（図4-15）。

図 4-15

第1章
第2章
第3章
第4章

［実践編02］商品を仕入れて、出品・販売しよう！（2〜4週目）

第5章

04　表示された画面の「出品情報」をクリックします。

その画面の下側「ギフトメッセージ」から「コンビニ決済」までの4項目については次の通りに設定します（アカウントによっては表示されないこともあるようですが、その場合は無視してください）（図4-16）。

ギフトメッセージ　☑

ギフト梱包　　　　☑

代金引換　　　　　☐（チェックされていたら、外す）

コンビニ決済　　　☐（チェックされていたら、外す）

05　上記を設定したら「保存して終了」をクリックします。

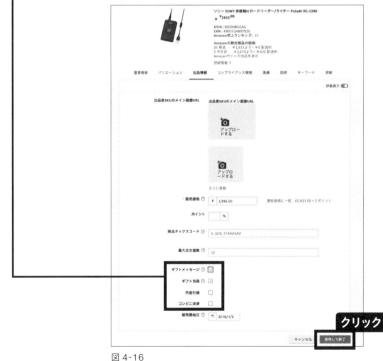

図 4-16

STEP 10

商品を納品（発送）しよう

作業時間90分

☆ 発送方法の2つの基本形

発送方法には出品者発送とFBA発送の2種類があります。ほかにもマケプレとかいろいろな用語はありますが、基本的にはこの2つです。

簡単に言うと、マケプレ、お急ぎ便などの発送に関する用語はすべて出品者発送の一部です。出品者発送をしないのであれば、覚える必要はありません。

本書ではFBA発送を推奨しているので、せいぜい「そういうものもあるんだな」くらいの捉え方で大丈夫です。

☆ FBA納品の実務

納品の実務については、文章と画面で説明するとかえって混乱する可能性があるためAmazonのセラーセントラル内に用意された「出品大学」のPDFや動画などを参考にしていただくのがおすすめです（次ページ図4-17）。

ここでは、流れをつかんでいただくためにごく簡単な説明にとどめるとともに、初心者がミスをしやすい箇所についての注意点などをお伝えします。

図 4-17

第1章
第2章
第3章
第4章

［実践編02］商品を仕入れて、出品・販売しよう！

（2〜4週目）

第5章

〈用意するもの〉

・〈STEP09〉で登録した商品

・梱包用のラップ（※ Amazonに梱包を依頼する場合は不要）

・商品ラベル用のシール用紙（FBA納品用：66×33.9ミリ／24面）
（※ Amazonにラベル貼り付けを依頼する場合は不要）

・発送用段ボール（3辺の合計が140cm以内を推奨）

・クッション材（紙、エアキャップなど）

・荷造りテープ（透明なものを推奨。テープカッターがあるとなお
　よい）

・メジャー

・体重計（デジタル）

・はさみ

〈手順〉

01 セラーセントラルにログインします。

02 「在庫」メニューの「在庫管理」を選択します。

03 一覧から、納品する商品の一番左のチェックボックスをオンにします（図4-18）。

図 4-18

04 「選択中の○商品を一括変更」を選択します（図4-19）。

図 4-19

第1章

第2章

第3章

第4章

［実践編02］商品を仕入れて、出品・販売しよう！（2〜4週目）

第5章

05 「Amazonから出荷」を選択して、「はい、続けます」を選択します（図4-20）。

amazon seller central

カタログ　在庫　価格　注文　広告　ストア　レポート　パフォーマンス　アプリ&サービス　B2B

すべての在庫　停止中 (5118)　出品情報の改善 (22)　販売不可在庫の返送/所有権の放棄 (2)　有効な出品情報が
FBA在庫　納品手続き

在庫管理 詳細はこちら　｜　このページを評価する

| Amazon から出荷 | 名、ISBN、 | 検索 | 5092 商品 |

出品者から出荷
在庫商品を納品／補充する　　　　　　　出品中 ○ 停止中　　出荷元：すべての在庫商品 ○ Amazon ○ 出品者
補充通知を設定する
最低価格に一致　　　　　　　　　　　KU　　　　　　　商品名　　　　作成日 ▼　　　　在庫あり
返送/所有権の放棄依頼を作成　　　　ンディション　　　ASIN　　　　ステータス変更日
FBAマルチチャネルサービス依頼内容を新規作成

図 4-20

06 「在庫を納品する」を選択します。

07 「在庫を納品／補充」の画面で、次の通りに設定して、「続ける」を選択します（図4-21）。

・「納品プラン」は「新規の納品プランを作成」

・「発送元」は「自分の住所」

・「梱包タイプ」は通常「個別の商品（異なる商品で構成）」

図 4-21

08 各SKU（商品）に対して、納品する数量を入力して、「続ける」を選択します（図4-22）。

図 4-22

09 梱包要件は、必要ならば「袋詰め」などの指示が出るので、指示に従い「出品者」を選択します。Amazonに依頼する場合、「Amazon」を選択して、「続ける」を選択します（別途料金がかかります）（図4-23）。

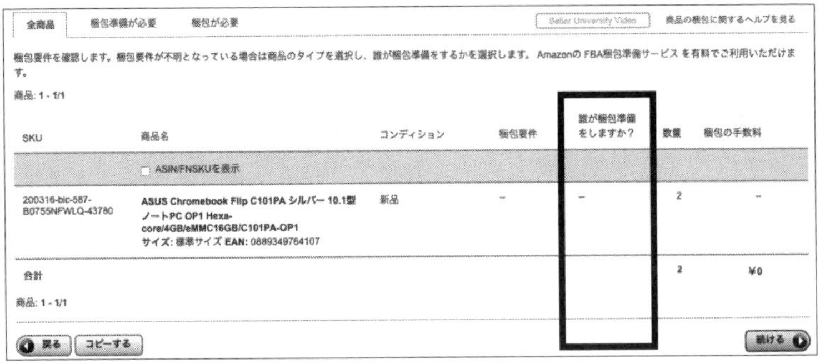

図 4-23

10 ラベル貼付についても、自分で貼る場合は「出品者」を選択します。Amazonに依頼する場合、「Amazon」を選択して、「続ける」を選択します（別途料金がかかります）。必要に応じて「ラベルを印刷」して、最後に「続ける」を選択します（次ページ図4-24）。

すべての商品にバーコードが必要です。商品がメーカーのバーコードによる追跡サービスの対象である場合、商品にAmazonラベルを印刷して貼付する必要はありません。商品が対象でない場合、商品ラベルを貼付する必要があります。商品ラベルを出品者側で印刷して貼付するには、「ラベル貼付」ドロップダウンメニューで「出品者」を選択し、「ラベルを印刷」をクリックしてください。または、「ラベル貼付」で「Amazon」を選択して、この操作をAmazonが有料で行うようにすることもできます。

商品: 1 - 1/1

SKU	商品名	コンディション	数量	ラベル貼付 （出品者、または Amazon）	印刷するラベル数	ラベルの手数料
	⚪ ASIN/FNSKUを表示					
200316-bic-587-B0755NFWLQ-43780	ASUS Chromebook Flip C101PA シルバー 10.1型 ノートPC OP1 Hexa- core/4GB/eMMC16GB/C101PA-OP1 サイズ: 標準サイズ EAN: 0889349764107	新品	2	Amazonに依頼	–	¥40 ¥20 /商品
				このSKUはメーカーのバーコード（混合在庫）で追跡できます。すべての対象SKUについて詳細を確認。		

| A4（24面）（65 x 33.9 mm） ▼ | ラベルを印刷 |
ラベル合計数: 0

商品: 1 - 1/1

◀ 戻る　コピーする　　　　　　　　　　　　　　　　　　　　　　続ける ▶

図 4-24

11　納品プランが表示されます。

　ここで、どこのFBA倉庫に送るのかが指示されるので、確認したら「納品を確定」を選択します。ここでは「FSZ1」という「小田原FC」になっています（図4-25）。

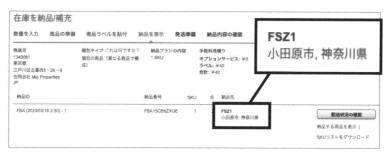

図 4-25

12　納品番号が確定するので、「納品作業を続ける」を選択します。
13　配送業者を選択します。

　FBAパートナーキャリア（現在は日本郵便）でもいいのですが、特に安いわけではありません。送料はAmazonから請求されます。

また、危険物（可燃性液体など）を含む商品の納品には使えません。

14 商品に商品ラベルを貼って、梱包します。

　商品ラベルは、パッケージのJANコードの上に覆い隠すように貼ります。スペースがない場合、JANコードを別の無地のシールなどで隠してから、別の場所に貼るのでも大丈夫です。そして、どの箱に梱包したかを記録します。場合によっては、商品にラップを巻きます。

15 輸送箱は宅急便の箱ごとに配送ラベルを貼るので、個数に応じて、輸送箱数1個か、複数かを選択します。

　箱のサイズと重さを入力して、「確認する」を選択します。

　どの箱に梱包したかを記録通りに入力します。

16 「配送ラベルを印刷」では「配送ラベルを印刷」を選択します。

17 「クリックすると納品が完了します」を選択します。

18 荷物の「お問い合わせ番号」を入力して保存しておきます。

　これで、納品が完了となります。

　初心者がミスをしやすい箇所は次の通りです。

・商品ラベルを貼らずに納品すると、不備としてFBA倉庫から返送する必要があります（Amazonに依頼した場合を除きます）。

・梱包内容などの納品書・リストなどは必要ありません

・1箱の重量は15キロを超えないようにします。1ユニットで15キロを超える場合には「重量超過」シールを輸送箱の天面と側面に貼付します

・梱包材に使えるものは、紙、クッション、エアキャップ（プチプチ）のみです。シュレッダーダストの袋詰めなどは使えません。また、複数の箱をバンド留めした状態では、納品時に返送されるので、やってはいけません

第1章
第2章
第3章
第4章
［実践編02］商品を仕入れて、出品・販売しよう！（2〜4週目）
第5章

・危険物や、消費期限がある商品は特別な手続きが必要です（慣れるまでは避けたほうが賢明です）

☆ 送料を制する者は、物販を制する

　送料がかさんでくるとバカにならないのは事実です。私は「送料を制する者は、物販を制する」と考えています。

　FBA発送・出品者発送のどちらの場合でも、いくら安く仕入れることができても送料が高くついたせいで利益が少なくなってしまったり、赤字になってしまっては元も子もありません。特に、初心者の方が重いものを遠方に送る場合は、起こりがちです。

　ただし、FBA発送を利用すれば全国一律の送料を含んだ費用請求なので、こうしたことはあまりないと思います。

　さて現在、発送にかかるコストは上昇傾向にあり、多くの物販事業者が影響を受けています。以前であれば、ある程度の物量を定期的に発送することで割引契約をしてもらうこともできましたが、今はなかなか難しくなっています。

　ここでは、私がどのようにコストを抑えているかをケース別に公開します。

☆ ケース別の発送方法

ケース01 出品者発送の小物の場合

　出品者発送の小物の場合は、配達記録がされる安い方法を使いたいですよね。サイズと料金を考えると、クリックポストが一押しです。また、レターパックプラスでもよいでしょう。

◎日本郵便「クリックポスト」（A4、厚さ3cm：全国一律198円）
（費用精算のためにYahoo!かAmazonのアカウントが必要）
○日本郵便「レターパックライト」（A4、厚さ3cm：全国一律370円）
○日本郵便「スマートレター」（A5、厚さ2cm：全国一律180円）

ケース02 FBA向けの小物の場合

　FBA向けの小物の場合は、上記の発送方法が使えません。以下に挙げた発送方法が安く済むことが多いです。

　中でも、ヤマト運輸の「宅急便コンパクト」は、後述する割引テクニックを駆使することでコストをかなり抑えることができます。近距離の場合、かなりお得です。

〈推奨〉（※2020年6月現在）
○ヤマト運輸「宅急便コンパクト（BOX、レター）」（距離別）
○日本郵便「レターパックプラス」（520円）

ケース03 FBA向けのまとめた荷物の発送について

　FBA倉庫にそれなりに大きいものを発送する場合、1〜2個口とそれ以上では発送方法が変わってきます。

　1〜2個口であれば、私はヤマト運輸の「宅急便」を使います。その際に「営業所に持ち込み」「複数口減額制度」「デジタル割」「クロネコメンバーズ割」の4種類の割引を受けるようにしています。

①クロネコメンバーズの持込割（※2020年6月現在）
クロネコメンバーズの会員がヤマト運輸の直営店に持ち込み、クロネコピット・Webでの伝票作成などで、合計150円引き

第1章

第2章

第3章

第4章

［実践編02］商品を仕入れて、出品・販売しよう！

（2〜4週目）

第5章

②デジタル割（※2020年6月現在）

　クロネコピット・Webでの伝票作成などで60円引き

③複数口減額制度（※2020年6月現在）

　同じ場所に2個以上を発送するとき、荷物1つにつき100円引き

④クロネコメンバーズ割（※2020年6月現在）

　クロネコメンバーズのカードにチャージ（3000円以上）

　支払い時に標準運賃の10パーセントが割引となる

　また、3個（場合によっては2個）以上のときに使うのはヤマト運輸の「ヤマト便」という発送方法です。

　箱のサイズで「容積換算重量」という方法で計算します。主に国際輸送の料金に使われている計算方法で、複数の箱であっても、あたかも1つの荷物であるかのように、計算によってはじき出された料金で送ってくれるものです（2020年6月現在）。

　たとえば、東京23区内から小田原市のFBA倉庫に50cm×50cm×40cmのサイズで重さが15キロの荷物4個を1箱ずつに分けて、計4箱送ったとします。

　宅急便だと1箱が140サイズとなります。先ほど紹介した4種類の割引をすべて適用すると5412円。

　それに対してヤマト便では、上記のサイズであれば、1個28キロ（容積換算重量）の荷物として扱われます。

　計算式は

縦（m）×横（m）×高さ（m）×280

です。

（実重量のほうが重い場合は実重量の数字になります）

〈計算例〉

0.5×0.5×0.4×280 = 28

　4個の場合は、28×4 = 112キロで、金額は3245円。

　それぞれを計算式に入れて計算したのが、以下の表です。

　前述の割引料金で計算したものに比べても、なんと2000円以上も安くなります。定期的に物販をやっていたとしたら、FBAの倉庫には1年間に何回、納品することになるでしょうか。

　商品1個当たりの差額は小さいかもしれませんが、それが積み上がるとかなりの金額になることがおわかりいただけると思います。また、節約した送料の分だけ、価格競争力が増すわけですから、安く送るに越したことはありません。

〈送料の例〉

	1個	2個	3個	4個
定価（円）	1850	3500	5250	7000
割引料金	1453 (1603)	2706 (3060)	4059 (4509)	5412 (6012)
ヤマト便	2312 (2432)	2422 (2652)	3082 (3312)	3245 (3565)

※ヤマト運輸の直営店に持ち込みの場合

※（　）内はヤマト運輸に集荷してもらった場合

※料金表より著者が計算

※2020年6月現在の情報です

　ヤマト運輸の直営店には「ヤマト便は160サイズを超える大きな

第1章

第2章

第3章

第4章

［実践編02］商品を仕入れて、出品・販売しよう！（2〜4週目）

第5章

サイズでないと適用できない」という担当者もいます。

　私が行っている複数の営業所ではそのようなことを言われたことはないのですが、コミュニティで紹介したところ、何人かのメンバーの方から「やってもらえないのだけど、どうしたらいいですか？」という質問をいただきました。

　そこで、調べてみると、実は担当者の理解不足でした。ヤマト運輸ホームページの「よくあるご質問」で、キーワードを「ヤマト便160サイズ以下」と検索すると、『「ヤマト便」でご発送いただけます。』と記載されたページが出てきます。

　もし受け付けてもらえないという場合は、このページを印刷して営業所に持って行きましょう。ただし、このときにあまり横柄な態度をとると、こころよく対応してくれない可能性があるので、あくまで紳士的に対応しましょう。

☆ 納品が完了したら…

　納品が完了し、FBA倉庫に到着して、受け入れが始まると納品プランの一覧が変化していきます。受領された瞬間から、いよいよAmazonでの販売が始まります。

　さて、何日くらいで売れるでしょうか……、楽しみですね。

STEP 11

価格改定と売上管理

作業時間10分／日

✿ 価格改定は必須項目

　納品が終わったら販売に移りますが、販売価格は常に変化しているので、それに応じて価格改定をする必要があります。ショッピングカートボックス価格（以下カート価格）と同じになるように調整します。

✿ カート価格と最低価格の違いとは？

　最低価格をつけていればカート価格は取れるのでしょうか？　答えはノーです。

　最低価格であってもショッピングカートボックスを取れないことは多々あります。

　最低価格とは、文字通り「出品中の同じ商品のうちで一番低い価格」です。

　最低価格とカートボックス価格が単純に同じということはありません。また、カートボックス価格がどういう計算方法で導き出されているかは公開されていません。一般的には、次の要素が考慮されているといわれてます。

・FBA発送またはマケプレプライム発送

・価格

・出品者の評価

　皆さんはすでにFBA納品をしているはずなので、第一関門はパスしています。あとは価格ですね。

☆ カート価格に合わせなければならない
　　決定的な理由

　それでは、なぜ、カート価格に合わせる必要があるのでしょうか？

　カート価格に合わせることで、ショッピングカートボックスに自分のショップ名が表示され、その結果、販売数が増えたり、早く売れる可能性が高まるからです。

　さらに、カート価格は最低価格よりも高くなることが多いため、最低価格で出品するよりも利益が大きくなります。

☆ 価格改定や売上管理は専門家を雇おう

　いくら販売価格が重要だからといって、四六時中見張っているわけにはいきません。睡眠時間を削ると判断能力が下がりますし、本業やほかのことに支障をきたすので、絶対にやめましょう。また、複数人で交代制にして監視するというのも現実味がありません。

　そこで導入を検討したいのが、価格改定や売上管理を自動的にやってくれるツールです。

　カート価格に合わせるように設定したり、仕入れ価格を入力すれ

第1章

第2章

第3章

第4章

［実践編02］商品を仕入れて、出品・販売しよう！（2〜4週目）

第5章

ば、利益計算もやってくれるすぐれものです。また、このツールから出品をすることも簡単にできます。利用するには費用が毎月かかりますが、自分の負担を減らして効率を上げることができるので、私は導入は必須だと思っています。

　Amazonの価格改定ツールはいくつかありますが、私は古くからある「プライスター」というツールを使っています。おそらく一番多く使われていると思います。

　詳細は、プライスターのWebサイト（https://bit.ly/Pricetar-inv）でご確認ください（図4-26）。

図 4-26

☆ 私が「プライスター」を使うもう1つの理由

　2020年3月から、プライスターでユーザー限定の「プライスター便」というサービスが始まりました。関東からだと、現時点（※2020年6月）のキャンペーン価格で、140サイズで20キロ以下という制限がありますが、「1箱980円（税込）」で自宅や指定の場所から全国のFBA倉庫に送ってくれるサービスです。

　関東以外の地区からの発送は1170円からとなっていますが、そ

第1章

第2章

第3章

第4章

［実践編02］商品を仕入れて、出品・販売しよう！（2～4週目）

第5章

れでもヤマトの宅急便で送るよりも1個当たり500円程度は節約できます。1カ月に8箱以上送るならば、プライスターユーザーになったほうがお得です。

　実は、以前に他社でも同様のサービスはあったのですが、送料値上げの嵐の中で消えていってしまいました。この状況下で、プライスターが佐川急便と大口契約の価格交渉をして、最近開始したのです。状況次第では廃止されてしまうかもしれませんが、使えるうちにしっかり使っておきましょう。

問い合わせ対応

作業時間1〜2分／日

☆ FBAにまかせれば、ほとんど手間いらず

　ECサイトで最も苦労するのはカスタマーサポートです。電話やメールで問い合わせがあるたびに対応していると、仕入れ作業もままなりません。また、そのために人を雇うのもコストを考えると……。

　FBAであれば、カスタマーサポートをする必要がほとんどありません。まれに購入者や購入希望者からメッセージが入ることがありますが、その都度対応するだけです。

☆ メッセージを受けてから24時間以内に対応する

　購入者や購入希望者からメッセージを受け取った場合、24時間以内に対応すれば、評価に影響はありません。メッセージを受け取ったら、なるべく早めに第1弾のメッセージを送信しましょう。放置してはいけません。

　たとえば、回答するにあたって、何か調べる必要がある場合は「調査している」と伝えるようにするのです。

　メッセージの多くは不安がもとで送られてきます（まれに怒っていることもありますが）。

　メッセージがすぐに返ってくれば、お客さまは安心しますし、Amazonの返信タイマーが止まります。その後、事態が解消次第

できる限り早く返信する。もし、回答が約束した時間を超えてしまいそうなときは、その旨を再度伝える。このようなこまめな対応が重要です。

☆ 基本的にはAmazonカスタマーサービスに丸投げ

まれにお客さまからいただく問い合わせメッセージのほとんどは、Amazonカスタマーサービスに丸投げするだけです。

よくある問い合わせは「商品が届かない」というものです。

FBAで発送しているので、自分で確かめようがありません。ですので、その旨を連絡します。

いつも、私がお客さまに返信しているメッセージをほぼそのまま掲載しておきます。参考にしてください。

〈Amazonカスタマーのご案内の例〉

〇〇様
数あるショップの中から当ショップをお選びいただき
ありがとうございます。

ご注文をいただきましてありがとうございます。

ご連絡に基づき、返信させていただきます。
発送の日程についてのお問い合わせですね？
当方は、受注後Amazonが発送する「FBA」という方式を
とっております。
正常に支払いが完了し確認が行われた場合には、
ただちにAmazon倉庫から出荷される手はずとなっております。
また、FBAでは、注文の詳細については販売者には

第1章
第2章
第3章
第4章
［実践編02］商品を仕入れて、出品・販売しよう！（2〜4週目）
第5章

情報が届かない仕組みとなっております。

従いまして、こちらにも「注文詳細、発送状況等」を調べる
すべがございません。

詳細につきましては、Amazon カスタマーサービスに
ご連絡いただきますよう、お願いいたします。

Amazon カスタマーサービス：

0120-XXX-XXX

以上、何卒よろしくお願いいたします。

＊＊＊＊SHOP 　　　　担当：＊＊＊

また、時折「返品したい」という方がいますが、基本的にはその
まま受けるしかありません。簡単にいうと、「マーケットプレイス保証」
というものがあって、30日以内であれば返品できるのです。これも、
Amazon カスタマーサービスに連絡してもらいます。

✵ ストア評価をしてもらう最善の方法

購入者からストアを高く評価されると信頼度が高まります。

高い評価をもらうには、カスタマーサポートをしっかりすること
と、購入者にメッセージを送って評価をうながすこと（サンクスメー
ルという）の2つに尽きます。

サンクスメールを適切に送ることで評価は徐々に増えていきます。
私は、すでに1万回以上は販売していますが、それでも評価は200
程度です。それほど評価を送ってもらえる確率は低いのです。

評価を増やして信頼度を高めることが、新たなお客さまを呼び込
むことにつながります。

☆ 出品から納品の流れは「習うより慣れろ」

　ここまで、長々と解説してきましたが、いかがでしたでしょうか？

　文章で説明すると難しく感じてしまうかもしれませんね。しかし、実際にやってみると、それほどではないことがおわかりいただけると思います。あれこれ考える前に、ぜひ1度試してみることをおすすめします。つまり、「習うより慣れろ」ということです。1度実践してわからなければ、そのときは、またこの本を読み返せばよいのです。そうすれば少しずつ解決するはずです。

　もしそれでもわからないときは、私が運営するコミュニティに参加されるといいでしょう。

　私だけでなく、コミュニティの先輩メンバーもサポートしてくれるので、どんどん上達しますし、失敗の数も圧倒的に少なくなります。

第1章
第2章
第3章
第4章
［実践編02］商品を仕入れて、出品・販売しよう！（2〜4週目）
第5章

第 **5** 章

［実践編03］

振り返って理解を深め、改善しよう

（2〜3カ月目）

Chapter 5

01 Amazon物販における基本的なスタンスについて

☆ 基本的な考え方

　基本的には、クレジットカードを使って仕入れから販売までを行って現金化します。これを1周したら、あとは同じことをひたすら繰り返すだけです。

　この1周をするのにかかる時間は、早ければ3週間、通常ならば1カ月程度です。これをできるだけ短期間に繰り返します。

☆ 「赤字でも売ってしまおう！」の理由

　利益率より回転率の理由は、第2章でもお伝えしました。改めて説明すると、回転率が上がると、結果として複利と同じ効果が発揮されて、利益額がどんどん積み上がっていくからです。

　では、仕入れの価格を間違えてしまった（売られているのよりも高く買ってしまった）り、販売時期を逃してしまい値段が下がってしまった場合はどうしたらいいのでしょうか？

　答えは「赤字でいいから、さっさと売ってしまえ！」です。

「利益が減る（赤字になる）」ことをためらう気持ちはわかります。しかし、商品の価格は基本的には安くなっていくものです（ビンテージもののような希少価値が高いものは別として）。

　ですから「値段が回復するのを待つ」のは、愚の骨頂です。でき

るだけ早く現金化します。そして、その現金を元手に次の仕入れを
行うのです。

☆ 納品してから売れるまでの期間を覚えておこう

仕入れから、納品、販売までの期間をチェックするようにしてく
ださい。

この期間が短いほど現金化がしやすい商品ということになります。

これは自分で得た実績値ですから、DELTA tracer や Keepa など
で調べたときとは比べものにならないほどの実感を得られるはずです。

理想は仕入れ、納品、販売までを2週間程度に収まるようにする
ことです。最長でも1カ月で在庫がさばける状態を保ちます。

もし赤字になったとしても、どれくらいの価格なら売れているか
を見極める指標になるので、さっさと売ってしまいましょう。失敗
を糧にして、次の仕入れに進むのです。

第1章
第2章
第3章
第4章
第5章

［実践編03］振り返って理解を深め、改善しよう（2〜3カ月目）

リピート購入に関する注意点

☼ 売れるものが見つかったら購入方法を考える

では、早く売れて、利益もそこそことれるものが見つかったら、どうしたらいいと思いますか？　ちょっと考えてみてください。

私なら「同じショップでまた買えるか」「ずっと同じ値段で売っているか」「ほかのショップではいくらか」などを調べます。

☼ 前回のセール以降の値動きを確認する

2回目のセールからは「前回買ったものが、同じ値段で再び買えるか」をチェックします。また、Amazonで売る場合に値崩れをしていないか、売れつづけているかを確認します。

どちらも問題がなければ、今回のセールでも買うことができて、同じようにAmazonで売れる可能性が非常に高いといえるでしょう。ただし、季節商品の場合は気をつけてください。

☼ 前回のセールでチェックしたショップを回遊する

さらに、前回のセールでチェックしたショップやお気に入り商品を見てみます。また、前回買った商品がほかの店舗でも売られていないかとか、お得なポイントやクーポンがないかも調べます。

第1章
第2章
第3章
第4章
第5章
【実践編03】振り返って理解を深め、改善しよう（2〜3カ月目）

これまでの経験上、どのショップも毎回のセールと同じようなパターンでクーポンが発行されたり、ポイントが付与されたりする傾向が強いのです。こうしたショップの特性を覚えておくと、仕入れを効率化したり、コストを抑えることができます。

✿ 同じ店舗で売っているけれど買えないこともある

前回買ったのと同じショップで同じ値段で売られているなら、購入の候補になります。

ただし、このショップが「いくらでも買ってください」というショップだとは限りません。ショップによっては、「転売の仕入れに使われるのはイヤだ」と言わんばかりの、やたらと転売を目の敵にしているところもあります。これは、リアル店舗でも同じです。

そういうショップに目をつけられたら、注文を受け付けてもらえなくなったり、最悪そのアカウントでは購入できなくなることもあります。これは通称「垢BAN（アカバン）」といわれており、できる限り避けなければなりません。特に、楽天市場などのショッピングモールの場合、ほかのショップでの購入にも悪影響が及んでしまうことがあります。

「垢BAN」されないようにするには、各ショップのルールを理解することです。利用規約はできる限り読みましょう。もし利用規約に「同一商品を複数個購入した場合、キャンセルをする」などといったことがあったら、注意をしたほうがいいです。

これまでの経験上、注意したほうがいいのは次のショップです。

・家電量販店
・楽天が直接経営しているショップ（楽天24、楽天ビックなど）

03 代行サービスを利用する

☆ すべての作業は外注化できる

この章までお読みいただいた方の中には、うすうすお気づきの方もいるかと思いますが、Amazon物販にかかわるすべての作業は代行サービスを利用することで外注化できるのです。

最初は、自分でやることが多いですが、ビジネスの規模が大きくなってきたら、「すべての作業を外注化して管理に徹する」というやり方もできます。ここまでくれば、もはやビジネスオーナーともいえる領域です。できれば、皆さんにもこれを目指していただきたいです。ここでは外注化の手順について、簡単に解説しておきます。

☆ Amazon物販はチームが強い！

実は、私はAmazon物販はチーム戦だと思っています。いいチームが作れるかどうかで、売り上げがあがるかどうかが決まってきます。また、自分ですべてのことをやらないのも秘訣の1つだと考えています。なぜだと思いますか？

それは、人によって得意なことが違うからです。各人の得意なことを組み合わせることで、チーム全体で最高のパフォーマンスが出せます。

また、今やいろいろなサービスが世の中にはありますが、それら

第1章
第2章
第3章
第4章
第5章
〔実践編03〕振り返って理解を深め、改善しよう（2〜3カ月目）

をうまく組み合わせることで、お金を稼げるようになっています。チームのメンバーは人間だけでなく、サービスも含まれます。

　今からご紹介する方法でサービスを組み合わせると半自動的にAmazon物販を行えるようになります。これも1つのチームとして考えてもいいかと思います。

☆ 仕入れ編 「1限」の有効な回避方法を考える

　仕入れをしていくうえでの障害が「1限」、つまり「1人1個限定」です。このような制約がある商品はけっこうあります。これを回避するにはどうしたらいいでしょうか？

　たとえば、アカウントを複数用意して各アカウントで1つずつ購入するというのも1つの手です。ただし、同一人物ということがバレやすいでしょうし、一歩間違えると「垢BAN」の対象となってしまうかもしれません。

　家族に協力してもらって、たとえば4人家族であれば、4つアカウントを作って購入するという手もあります。それでも4つしか買えませんよね。

　そんなときには「仕入れを代行してもらう」という手法を使います。友人や知人に買ってもらうのです。それ以外の方法もありますが、ここでは割愛させていただきます。

　たとえば、私の知人は「家族の分も欲しいので代わりに買ってもらえませんか？」とお願いして成功していました。

　この方法はネット上だけでなく、リアルでも活用できます。

☆ 値づけ編 機械的に行える価格改定は自分でやらない

販売については、Amazonのプラットホームに乗っているので、それだけでも手離れはいいといえばいいのですが、面倒なのが価格改定の作業です。価格改定については、前章でやり方を解説しましたが、「プライスター」やAmazon公式の価格改定の設定を利用するほうがいいかと思います。

機械にまかせたほうが楽ですし、何より正確です。

☆ 出品・納品編 出品も納品も代行してもらう「丸投げ」について

仕入れた商品を出品することは簡単な作業ではありますが、数が多いとけっこう手間ですよね。

いちいち商品バーコードを貼るのも面倒です。商品バーコードだけならFBAで貼ってくれますが、出品は自分でやらないといけなかったりします……実はこれにも代行サービスがあります。

「プライスターパートナー」というサービスは、プライスターを使って、納品代行してくれる人をマッチングしてくれるのです。ですので、パートナーのところに荷物を送るだけで出品されるという魅惑のサービスです。利幅が大きい商品であれば、このサービスを使ってもいいでしょう。

☆ 販売編 禁断の販売方法

Amazonの販売アカウントは準備不足だと販売力が落ちます。何より、登録直後はメーカーものについては出品すらできないので、販売機会が限られます。相当な数の仕入れをしなければ出品申請も

第1章

第2章

第3章

第4章

第5章

［実践編03］振り返って理解を深め、改善しよう（2〜3カ月目）

できません。

　このようにアカウントが弱い状態のときに助かるのが、強いアカウントに販売を代行してもらうという方法です。もちろん、手数料は必要になりますが、自分のアカウントで許可されていない商品を売ることができます。これは私のコミュニティでも取り入れている手法です。特にCD／DVDが販売できるアカウントは貴重です。第2章でもお話ししましたが、今や新規にCD／DVDの販売許可を取ることはできませんから、私のコミュニティでは、この方法を推奨します。

☆ 発送編 FBA以外にも出品者発送すらも外注できる

　出品者発送を代行する業者もあります。在庫をFBAのように保管してくれて、発送指示を行ってくれるサービスです。私が使ったことがあるのは「オープンロジ」というサービスです。FBAで扱えない商品などは、このようなサービスを利用するのもありかと思います。

　いかがでしょうか？　すべての作業を自分で行わなくてもよいということがおわかりいただけたかと思います。手数料と利益の兼ね合いに気をつけなければなりませんが、「最低限の管理だけしてあとは全部丸投げ」ということも可能です。

　私自身は、どちらかというと外注サービスを利用するよりも、仲間を増やすほうが性に合っているので、コミュニティを形成してチームの力で販売力を強化するようにしています。

04 クレームを防ぎ、販売数を増やすための方策

✧ クレームを防ぎ、販売数を増やすための考え方

　物販をしている以上は、購入者からクレームがくることは避けられません。

　「思っていたのと違った」「買ったときより値段が安くなったから」などといって返送してくる人もいますし、そもそもAmazonはほぼ無条件に返品を受け付けてしまいます。

　クレーム対応の時間をできるだけ最小限にするために、FBAの仕組みを使っている面もありますから、ある程度のコストは仕方ないとは思いますが、これがあまりに大きくなってしまうと、赤字に転落するかもしれません。

　また、言いがかり的なトラブルに巻き込まれることもあります。

　では、どうやったらクレームを防げるのでしょうか？　どうやったら、販売数を増やしていけるのでしょうか？　そもそもトラブルに巻き込まれないようにするには？　少し考えてみましょう。

　この答えは1つではないのでしょうが、私は「顧客視点に立ってみる」ことが大切だと思っています。「買う人の立場」に立って自分の納入する商品を見てみるということです。「当たり前のことじゃないか」と思った方もいるかもしれませんが、実は売り手になったとたん、これを忘れてしまう人が多いのも事実です。

　それには俯瞰的に物事を見るとか、客観的に考えて行動すること

第1章
第2章
第3章
第4章
第5章
［実践編03］振り返って理解を深め、改善しよう（2〜3カ月目）

で、クレームやトラブルは減っていくと考えています。ここでは私自身が具体的に何を実行しているかをお伝えします。

☆ 商品パッケージの梱包の気配り

　日本人相手の商売の場合、商品パッケージに「少し傷がついているだけ」でも返品対象になります。梱包については、丁寧に対応するのであれば「ラップで巻く」「梱包要件とされていなくてもビニールで包む」などをして、商品をしっかり保護するようにしましょう。

　FBA倉庫への納品であれば「箱に無理に詰め込まない」というのも1つの工夫です。無理に詰め込んだことによりパッケージにヒビが入ってしまったり箱が歪んでしまったりということも実際にあります。また、壊れやすいものや軽いものは箱の下のほうに入れないようにします。このようにするだけで、商品が無傷の状態でお客さまのもとに届く確率が上がるでしょう。

☆ 商品説明を有効に使う

　たとえば、箱に凹みがある商品があったとします。あなたならどのように出品しますか？　凹みがあるから値段を安くしたというだけでは、クレームのもとになりやすいでしょう。商品説明を空欄にしてしまう人が多いのですが、私がこのような商品を出品する場合は、できる限り正直に状態を記載するようにしています。「箱が凹んでいる」「傷がある」などと書いておいて「訳ありなので安い」としておくわけです。「買う人が見ているか」ということもあるのですが、書いておいたほうがクレームを受ける確率は下がります。

☆ 商品のお届けうかがいと評価依頼

　通常であれば、お客さまに商品が届いたあとは何もありません。

　たまにAmazonから出品者の評価を依頼するメールが発信されることもありますが、絶対に送られるというわけではありません。

　私は商品のお届けのあとに届くように、発送の2〜3日後に商品が届いたかどうかのメールを発信するようにしています。その際に「ストア評価の依頼」をします。ストア評価はなかなか送ってもらえないので、こちらからお願いするわけです。

　そのようなメールが届いたら、返信してくれる人はゼロではないでしょう。評価をしてもらえる確率は少しは上がるはずです。

☆ 高額商品の場合の対処法

　FBAに限りませんが、高額商品の購入者の中には「商品すり替え」や「抜き取り」をする人がいます。

　もちろんこれは犯罪なのですが、ちゃんとした証拠を提示できず、泣き寝入りという販売者も多いのが現状です。これをやられてしまうと、利益どころか大損です。

　ですから、それを防ぐための対策をとる必要があります。

　高額商品の場合はパッケージが封印されていないのであれば、製品のシリアルナンバーを控えたうえで自分でシールを買ってきて封印してしまいます。商品によってはパッケージにシリアルが貼られている場合もあります。その場合はシリアル番号と印刷した商品ラベルの写真を撮っておきます。場合によっては、パッケージの重さも写真に撮ります。そのうえで、商品説明の欄に「すり替え防止対策をしています」などと書いておくのです。そうするだけで抑止力になりますし、被害にあったときに、Amazonに写真を添えて申

告することで補てんを受けられやすくなるでしょう。

✨ 返品されたときの対処方法

　返品での「あるある」ですが、顧客理由にしてしまえば自分の送料負担がないので、間違えて注文してしまったというだけでも「品質が悪い」というようなクレームをつけて、返品する人がいます。ステータス上では「不良品」となっていても、パッケージすら開いていないこともあります。こういうことが多いので、返品された商品の状況が正しくAmazonのシステムに反映されているかどうかはきちんと確認しましょう。

　つまり、返品されたものについては、自分の手元に取り寄せて必ず検品するようにしましょう。パッケージに開封の跡がないかどうかを確認します。跡がないなら、新品として在庫に戻しても大丈夫だと思います。もし開けられていた場合、使用された形跡があるかどうかも調べましょう。使用されていたのであれば、必要に応じて修理に出します。そのうえで、オークションサイトなどで中古品として販売するのが一番いいと思います。

　正直、返品やクレームを減らすのは、なかなか大変です。ただし、対策をとることで確率は下がるはずです。地道な対策ですが、実践するようにしてください。

第1章
第2章
第3章
第4章
第5章

［実践編03］振り返って理解を深め、改善しよう（2〜3カ月目）

05 忘れてはいけない、税金のこと

☼ 必ず確定申告をする

「売り上げがあがって利益が出たら終わり」ではありません。個人であっても、物販（せどり、転売、オークションやフリマでの販売も含む）により継続的に収入を得ているのであれば、「事業所得」（または雑所得）として確定申告をする必要があります。

会社で年末調整をしてもらっている給与所得者（サラリーマン）の場合、給与所得および退職所得以外の所得の合計が年間20万円以下であれば、確定申告をする必要はありません。しかし、物販をする以上は、仮に毎月2万円の収入でも年間で24万円になりますから確定申告をすることになるでしょう。バレないだろうなどと考えないほうが賢明です。

確定申告をする際に必要な書類ですが、基本的には事業の遂行に使った経費の領収書、仕入れの領収書が必要です。詳しくは、税理士に確認してください。

☼ 合同会社の設立がおすすめ

物販を継続的にやっていくのであれば、会社を設立することをおすすめします。経費の計上についても、法人と個人とでは計上できる項目が違ってくるので、長期的に見れば法人にしたほうがメリッ

第1章

第2章

第3章

第4章

第5章

［実践編03］振り返って理解を深め、改善しよう（2〜3カ月目）

トがあります。

　法人には、いろいろな種類があります。一般的には株式会社が多いですが、私は合同会社の設立をおすすめします。

　合同会社のメリットを個人事業、株式会社と比較してみましょう（もっと詳しく知りたいという方は、会社設立に関する実用書をお読みになることをおすすめします）。

〈経営の自由度が高い〉

　合同会社では、利益の配分を出資比率に関係なく社員間で自由に決めることができます。これは大きなメリットです。また、株主総会を開く必要がないため、迅速に経営上の意思決定が行えます。定款で規定できる内容も自由度が高いといわれています。

〈法人の節税メリットを享受できる〉

　税務的には株式会社とまったく同じです。個人事業主よりも経費の対象となる範囲が広がります。たとえば、携帯電話が法人名義であれば料金が経費として認められるといったことです。

　それに対して、個人事業主の場合は、プライベートで使っている費用と事業で使っている費用をきちんと分けなければなりません。

〈わずか6万円で設立できる〉

　合同会社は、登録免許税の6万円だけで設立できます（電子定款の場合）。株式会社の場合は、登録免許税15万円と定款承認5万円など、最低でも20万円以上かかるので、合同会社のほうがずっと安く設立できます。また、登記に必要な書類も少ないので、素早く設立できます。

〈ランニングコストが低く、手続きなども簡単〉

　株式会社には決算公告義務があるため、官報掲載費の6万円がかかります。合同会社には決算公告義務がないため必要ありません。また、株式会社の場合は、役員の任期が切れるたびに重任登記で1万円かかります。合同会社には、役員の任期がないため重任登記が必要ありません。

〈有限責任である〉

　社員（株式会社の株主に当たります）は、出資の範囲内で有限責任を負います。これは株式会社と同じですが、個人事業主と比較したときのメリットといえます。

〈株式会社への変更も可能〉

　合同会社という形態で独立したが、事業の規模が大きくなってきたので、株式会社に移行したいというときは10万円程度の費用で変更できます。

　上記以外にも会社を設立したほうがいいメリットとしては、報酬を受け取らなければ、個人の収入と法人がヒモづけされる可能性が低いため、副業として取り組んでも会社にバレにくいのです。
「事業が大きくなったら、法人にする」という方が多いのですが、そのような考えでは事業はなかなか大きくなりません。しっかり「やる！」と決断して、法人を設立してから取り組んだほうが、結果的には早くビジネスを拡大できるでしょう。

おわりに　in conclusion

　この本は、当初、5月に出版される予定でした。

　原稿を書いている最中、新型コロナウィルスの勢いは日に日に増していき、いつしか国内に限らず、全世界における大きな問題となりました。また、経済状況もゆるやかな回復基調から一気に奈落の底に突き落とされた感もあります。

　ただ、今回お伝えしているAmazonを使ったネット物販には、今のところ悪い影響が少ないようです（もちろん、まだ予断は許しませんが）。外出するのが難しいという状況なので、多くの人たちがネットで買い物をされているからでしょう。

　ネット物販はこれからも取引量は増えていく傾向にあると思いますし、これから新規に参入してくる出品者（セラー）も多くなるでしょう。

　そのような状況の中で、ネット物販を始めるにあたって、「何を大切にしたらいいか？」「どう進めたらいいか？」という点について、しっかりとまとめられた本になったものと自負しております。

　現代の社会は、VUCA（ブーカ）時代といわれています。

　VUCAとは、「Volatility」（変動性）、「Uncertainty」（不確実性）、「Complexity」（複雑性）、「Ambiguity」（曖昧性）の頭文字を取った言葉で、「あらゆるものを取り巻く環境が複雑性を増し、将来の予測が困難な状態」を指し、近年のビジネスシーンでも話題になっているキーワードの1つです。

今までのように「サラリーマンだけやっていれば大丈夫、一生安泰」などという考え方だけでは、生き抜くのが困難な時代となってきていると思います。そんな先の見えない時代にどうやって「自分らしく生きていくのか？」も非常に大事な課題です。

　また、近年の労働環境をめぐる流れの中で、「2019年は働き方改革元年」といわれていました。緊急事態宣言による出社自粛など、まったく予期していなかった事態ではありますが、2020年はテレワークなどをはじめとして、働き方にとても急激な転換が起こっています。
　今までテレワークについて考えたこともなかった会社が、急転換を迫られているのです。正直言えば、付け焼き刃ですからそんな会社がやっているテレワークがいろいろな機能不全を露呈するのも時間の問題でしょう。すでに多くの課題が発生しはじめているように思います。

　それに起因するかどうかは別として、この事態の中での業績悪化などは容易に想像できます。これから、いっそう先が見えない世の中に突入していく……。
　多くの会社でリストラの憂き目にあう方も増えてくるのではないでしょうか。
　まさに、これからは「働き方」についてだけではなく、「生き方」についても考えさせられるような時代がやってきているのだと思います。

　人生には、3つの坂があると言われています。

上り坂、下り坂……そして、「まさか！」です。

誰が、未知のウィルスが原因で緊急事態宣言が発布されるなどと想像したでしょうか？　誰が、東日本大震災が起こったときのような、大規模な自粛や買いだめなどが起こると想像したでしょうか？

将来的な話でいえば、30年以内に大規模な首都直下地震が起こる確率は70パーセントといわれてから、すでに何年経っているでしょうか。これにいつ襲われることになるかもしれません。

それでもあなたの就いている仕事は、絶対に安泰ですか？

こんな激動な時代だからこそ、あなたには、サラリーマン1本足打法からの転換を考えるいいきっかけと捉えて視野を広げていただきたいと思います。そして、「転ばぬ先の杖の1つとして、ネット物販を選択肢の1つとして、副業からでも始めていただければ」と思い、心をこめて執筆しました。

この本が少しでも参考になればとてもうれしく思います。

さて、この本を執筆するにあたり、多くの方の協力をいただきました。

・この本を書くきっかけをいただいた、二木拓磨さん。
・楽天市場のポイント獲得についての話を「面白い！」と取り上げてくださり、出版プロデューサーであり、編集を担当していただいた、貝瀬裕一さん。

・私が執筆した内容を心を込めて精査していただきました、
　龍久さん、空山さん、田崎さん、キヌールさんをはじめとする
　KOSACのメンバーの皆さん。

　皆さんがいなければ、この本は完成しなかったものと思います。
ありがとうございました。

　また、私の出版を陰日向で支えていただきました所属しているコ
ミュニティの皆さんを紹介します。

・複数収入の学びを一緒に実践している、FF90.jpの皆さん。
・貢献マインド全開の方が多く所属する、　貢献屋の皆さん。
・多くのFacebookの友人たち。

　本当にありがとうございました。

　そして、いつも私を支えてくれている妻・恵子と、忙しい時期に
喜んで手伝ってくれている娘と息子に、大いに感謝します。

　最後までこの本を読んでいただき、誠にありがとうございました。
どこかであなたとお会いできることを楽しみにしています。

2020年6月　　　　　　　　　　　　　　　　　　　　尾形和昭

尾形和昭（おがた　かずあき）

現役「物販・貿易」プレーヤー。副業も含め、新たな働き方を提案している複業家。陸マイルを駆使するマイル&ポイント錬金術師でもある。1993年、某大手鉄鋼メーカーに入社。情報システム部門で開発、営業など数多くの仕事に携わる。1999年、子会社での労働組合の旗揚げに参画し、働きがいのある職場について研究。会社統合なども交渉当事者として活動。退任後、多様な働き方について発信していくため、2016年に退職。退職後は、講演活動や働き方の研究のかたわら、収入を安定化させるために本格的に物販を開始。副業ながら、2019年末には、月商1300万円超を達成。2018年末からポイント錬金術を学び、その技術を磨き、1年間にわたり「毎月楽天ポイント10万ポイント獲得」を達成している。現在は「ワーク・ライフ・シナジー」「働き方改革」「複業という考え方」の重要性を多くの方に伝えるために、企業、自治体、労働組合などを中心に講演活動をしつつ、物販コミュニティ「KOSAC」を運営。楽天市場で毎月10万ポイントを獲得しつづけるためのノウハウなどを伝授している。

 本書特設ライン https://bit.ly/bk1-LINE

楽天で買って、Amazonで売る。

2020年8月7日　初版発行
2021年5月13日　2刷発行

著　者　　尾形和昭

発行者　　太田 宏

発行所　　フォレスト出版株式会社
　　　　　〒162-0824　東京都新宿区揚場町2-18　白宝ビル5F
　　　　　電話　03-5229-5750（営業）
　　　　　　　　03-5229-5757（編集）
　　　　　URL　http://www.forestpub.co.jp

印刷・製本　中央精版印刷株式会社

楽天SPUを徹底的に活用するための攻略マニュアル

特別データ

無料プレゼント

著者・尾形和昭さんより

本文では紹介し切れなかった楽天SPU（スーパーポイントアップ）の詳細を解説するPDFファイルを読者の皆さまにご提供します。これは、尾形さんが主宰・運営するKOSACのコミュニティで公式マニュアルとして採用されている「SPU攻略マニュアル」の重要箇所をまとめたものです（※2020年4月時点での最新情報）。本文を補完するテキストとしてぜひともご活用ください。

特別プレゼントはこちらから無料ダウンロードできます↓

http://frstp.jp/amaraku

※特別プレゼントは Web 上で公開するものであり、小冊子・DVD などをお送りするものではありません。

※上記無料プレゼントのご提供は予告なく終了となる場合がございます。あらかじめご了承ください。